***Kristine von Soden***

*Backstein, Seebad, Kranichflüge*

*Sehnsuchtstage an der Ostsee*

*Kristine von Soden*

# *Backstein, Seebad, Kranichflüge*
## *Sehnsuchtstage an der Ostsee*

*Picus Lesereisen*

*Picus Verlag Wien*

*Für meine Mutter*


Grafische Gestaltung: Dorothea Löcker, Wien
Umschlagabbildung: E.Laue/F1 ONLINE
Druck und Verarbeitung: Remaprint, Wien
ISBN: 978-3-85452-926-2

Informationen über das aktuelle Programm
des Picus Verlags und Veranstaltungen unter
***www.picus.at***

# *Inhalt*

## *Mit dem Himmel vermählt*

*Auf einer Mecklenburger Allee*

Schon in der ersten leichten Biegung der sandigen Allee, die sich lächelnd durch weite Flure schlängelt und mitnichten aus Liebe zum Automobil entstanden ist, halten uns plötzlich Überblendungen an – verwackelt und verkratzt, aus Ost und West, vertraut und dennoch endlos weit weg. Wir, auf der viel gerühmten Sonnenseite im geteilten Deutschland, spielten damals auf der Straße Springtau. Lutschten kugelrunde rote Lollis, die in den Mundwinkeln brannten, und schütteten uns Brausepulver, Marke Waldmeistergeschmack, in die Hand, das wir mit Spucke zum Brodeln brachten. Stundenlang guckten wir in der Schmiede zu, wo die Pferde unter höllischem Gestank mit neuen Hufeisen beschlagen wurden. Fuhren mit unseren Rädern in den nahe gelegenen Blaubeerwald, auf holprigen Wegen an Kornfeldern vorbei. In gleißender Hitze kletterten wir verbotene Strohballen hoch, schliefen unter Klatschmohn und schwebten auf den Flügeln der Libellen unseren Sehnsüchten zu.

Unzählige Alleen gab es damals auch noch bei uns – mit verwunschenen Schluchten und am Rande der Böschung wild wucherndem Gestrüpp. Pappelalleen, Birkenalleen, Kastanienalleen, Kirschbaumalleen hatten wir als Kinder tagtäglich gesehen. Ein Fest war immer die Blütezeit. Unter vielen Alleendächern sah es dann aus, als hätten die Zweige für eine Hochzeit Konfetti gestreut. Doch schon bald war das Märchen aus, und es begannen jene wundersamen Jahre, als die D-Mark im Qualm einer dicken Zigarre ihre Ellenbogen ausfuhr. Mit freier Sicht, Persil und guter Butter kurbelte alles, was um den Nierentisch saß, die Konjunktur und kalte Kriegsstimmung an. »Wir«, frohlockten stramme Mittelscheitel, »sind wieder wer!« Und immer schneller, immer massenhafter rollte der Verkehr. Imperialistisch wurde er. Übergoss die unbequem gewordenen Alleen mit stinkend heißem Teer, verpasste ihnen Neonröhren, fällte die weisen Bäume für den Ausbau zu einer zweiten Spur, damit jeder jeden überhole (damals noch ohne Sicherheitsgurt). Im Tank Aral. »Selbstverständlich, allemal!/BV Aral ist ideal!« Fünfzigtausend Straßenkilometer in »Normbreite« schufen die Baumeister des westlichen Glücks zwischen 1949 und 1990. Die wahnwitzigen Abholzungen hat keiner gezählt.

Und hier nun, in Mecklenburg, sind die Alleen wieder da. Zuweilen mit Hainbuchen, Rotbuchen, Blutbuchen, Platanen, Erlen, Weißdorn und Lärchen sogar. Unwirklich wahr. In jedem Dorf. In jeder Stadt. An der Ostseeküste entlang bis hoch nach Usedom an der Grenze zu Polen. Eine schöner als die andere. Jede für sich die schönste im ganzen Land. Kultstatus haben manche inzwischen erlangt und finden sich in jedem einschlägigen Bildband. Die Diven unter ihnen, an der Spitze die Lindenallee von Bad Doberan nach Heiligendamm, strahlen aus Tourismusbroschüren, flimmern durchs *NDR*-Fernsehprogramm. Unsere Allee im nördlichsten Westen Mecklenburgs, das neben den Kreisen Parchim und Ludwigslust die höchste Alleendichte im neuen Deutschland verbuchen kann, gibt sich bescheiden und *tofreden* (zufrieden) wie die alteingesessenen *Meckelnborger*, die wenig reden. Viele Junge wandern allerdings heute ab. Glauben nicht, dass Hartz IV das Leben schöner macht. Da hilft kein Fruchtalarm und Servicelineteam. Kein intelligentes Allradsystem im BMW. Und auch kein billig, billig, obwohl Obi et Aldi auf jedem Acker stehen.

Frühnebel schleicht sich um die Stämme unserer Allee wie eine streunende Katze. Die hellgrünen, beinahe transparenten Blätter schauen kichernd herab. Es macht ihnen Spaß, so scheint es, zu beobachten, wie hoch sich wohl das undurchsichtige Etwas namens kondensierter Wasserdampf wagt. Denn einhüllen, das wissen die Lindenblätter aus reichlicher Erfahrung, wird der Nebel sie heute nicht. Er wird höchstens an ihren Herzspitzen nippen und sich anschließend verziehen. Geräuschlos, als wäre nichts geschehen.

Damals, als bei uns das Tempo zu rasen begann, hat uns keiner von hier erzählt. Schon gar nicht von den Bäumen, die gut erzogen überall Spalier stehen, Schutz und Schatten spenden und mit denen man reden kann, wenn man sich einsam fühlt. Unser Wissen über die DDR, die immer

»Ostzone« hieß, reduzierte sich damals auf eine Seite Oktavheft mit Totschlagvokabeln wie Stechschritt und Stacheldraht, »alles wie bei Adolf, nur andersrum« – ?? –, und dass die Gleichmacherei »primitive Propaganda« sei. Auf der Deutschlandkarte in unserem Heimatkundebuch war der Krieg noch lange nicht vorbei. Eigentümliche Gebilde wie »aus der Art geschlagen« (»Frau Rieger, was ist ›Art‹?«) wurden uns aufs Schulbrot geschmiert. Und ein Mädchen in unserer Klasse, das wegen seiner dicken Brille gehänselt wurde und neben dem keiner sitzen wollte, weil es »komisch roch«, verdrosch unser Klassenlehrer oft mit dem Stock. Warum, hat sich bei mir nicht eingeprägt. Aber ich sehe noch die unförmig klobigen orthopädischen Stiefel dieser »Seele von Mensch« vor mir. Sie gruselten mich sehr.

Linden, heißt es, wachsen dreihundert Jahre heran, bleiben dreihundert Jahre und vergehen dann noch einmal so lang. Das Geheimnis ihrer Vitalität liegt in jenen Innenwurzeln, die vom Stamm in den Boden wachsen, sich dort fest eingraben und eine neue Krone hervorzaubern, wenn der Puls im alten Baum zu schlagen aufhört. Im Laufe des 19. Jahrhunderts wurden viele tausend Kilometer Landstraßen im heutigen Mecklenburg-Vorpommern mit Bäumen bepflanzt. Vor allem mit Linden, Ahorn, Kastanien, Eichen, Apfelbäumen, Birnbäumen, Pflaumenbäumen, Vogelbeerbäumen, Buchen, Ulmen, Weiden.

Von Baum zu Baum, wer hat einen Baum? Wer keinen hat, hat verloren.

Doch »ein Baum, was ist das schon ...?«, beginnt Jurek Beckers Geschichte des Gettos während des Zweiten Weltkriegs, der Roman »Jakob der Lügner«. Der Erzähler hört alle sagen, ob er nichts Besseres habe, woran er denken könne, als einen Baum. Oder ob er vielleicht einen besonderen Baum meine, einen ganz bestimmten, der womöglich einer Schlacht seinen Namen gegeben habe, etwa der Schlacht an der Zirbelkiefer. So einen? Oder ob er einen Baum meine, an dem jemand Besonderer aufgehängt worden sei? Oder ob er den berühmten Schatten meine, den ein Baum werfe? Denn sobald von Schatten die Rede sei, würde jeder seltsamerweise an Bäume denken, »obgleich Häuser oder Hochöfen weit größere Schatten abgeben«.

In Kathedralenfenster verwandeln sich die gleichmäßigen Abstände zwischen den Bäumen auf unserer Allee, als der Abend sein schwarzblaues Licht anknipst. Ohne es zu bemerken, atmen wir langsamer, halten sogar die Luft für einen Moment an. Denn plötzlich winkt uns wieder unsere Kindheit zu. Arme voller Gräser haben wir damals gepflückt und zu Hause sorgfältig zwischen Löschblätter gelegt, um sie nach dem Trocknen auf Japanpapier zu kleben. Kunstvolle Muttertagsgeschenke entstanden auf die Weise, versehen mit Versen und Liedern.

1992 monierte das Bundesverkehrsministerium in einem »Merkblatt Alleen«, dass die Straßen im Osten »zu schmal, zu kurvig, zu unübersichtlich« wären und folglich den mobilen Fortschritt störten. Vielen Westlern kamen die Tränen. Und sie riefen im Chor mit jenen Ostlern, die ihre Schätze nicht auf dem Grabbeltisch der Geschichte verhökern lassen wollten: »Rettet die Alleen!« Prompte Antwort des ADAC 1993 war die Idee einer »Deutschen Alleenstraße« von Rügen bis an den Bodensee. Ein hübsches Symbol. Kritiker indes behaupten, mit wohl kalkulierter Alibifunktion. Längst sind Männer in orangefarbenen Leuchtwesten überall mit dem Auftrag unterwegs, Bäume, die uns treu zu Diensten standen, für »neue Lichträume«, wie es im Straßenbauamtsdeutsch heißt, abzusägen und die *Stubben* auszufräsen. Von einem »schleichenden Mord an den Alleen« spricht in diesem Zusammenhang Hans Dieter Knapp. Der gebürtige Rüganer, Vollblutökologe und selbst auch baumstark, machte sich als Mitinitiator des DDR-Nationalparkprogramms, das weltweite Umsetzung fand, einen großen Namen. Als letztes Gesetz der Planwirtschaft trat das Nationalparkgesetz 1990 in Kraft. Nicht wenige Bundesbürger wähnen bis heute irgendeinen Big Mac als Erfinder, weil das besser in ihr Weltbild passt.

Wir sind das Volk. Sind Papst. Sind Kanzlerin. Und wir sind die Erben historischer Alleen, die in ihrer Pracht und Fülle europaweit einzigartig dastehen. Laut letzter Zählung 1996 beträgt ihre Gesamtlänge allein in Mecklenburg-Vorpommern viertausenddreihundertvierundsiebzig Kilometer, was der Entfernung Moskau–Lissabon entspricht, wie zur Veranschaulichung gern erklärt wird (warum müssen wir Deutsche eigentlich immer alles messen und zählen?). Nur »siebenundzwanzig Prozent« aber jener Alleen gelten nach der amtlichen Statistik als »besonders schutzwürdig«.

Warum nicht mehr? Hat man Angst, dass sich die Bäume mit dem Himmel vermählen?

## *Guten Morgen, du Schöne!*

*Im Schlossgut Groß Schwansee*

Wir hielten unser Fenster über Nacht weit geöffnet und sehen sie nun zum ersten Mal von dieser Seite aus: blaugrün, blaugrau changierend, erhaben, still – die Ostsee, eine Königin. Guten Morgen, du Schöne! Ihr sanfter Charme verspricht bereits jetzt, im nahenden Frühling, wenn die Wassertemperaturen noch zu frisch zum Baden sind, dass alle Last, alle Mühsal in ihrer Nähe von den Schultern fällt. Die flachen Wellen rauschen in ruhigem Rhythmus heran, werfen ihre schaumperlenbestickten Schleppen an den Strand. Und ihr betörend würziger Meeresduft umschmeichelt das Schlossgut Groß Schwansee, das nur wenige Minuten zu Fuß vom Ostseeufer entfernt gegenüber der Lübecker Bucht am Rande eines Buchenwaldes liegt. Das einstige Herrenhaus derer von Both, erbaut 1745, ist heute ein exklusives Hotel mit sieben Zimmern und zwei Suiten in apart minimalistischem Stil. Nirgendwo ein Dekor, das vom Wesentlichen ablenkt. Nirgendwo jenes peinliche Trallala, das sich als immer schon besser wissend ausgibt, doch von der örtlichen Historie kaum mehr als alte Adelsregister für die Vermarktung der erworbenen Immobilie zur Kenntnis nimmt. Familie Dornier kaufte das Anwesen Groß

Schwansee 1999. Sanierte das ramponierte Gemäuer, das in den letzten Lebensjahren der DDR als Schule genutzt worden war und danach zehn Jahre, befallen vom Schwamm, leer stand. Eine Büste des Flugzeugkonstrukteurs Claude Dornier befindet sich in bewusster Distanz zur allgemeinen Hotelöffentlichkeit bei den Konferenzräumen. Vielen Mecklenburgern sind die 1933 in Wismar gegründeten Dornier-Werke wohl bekannt. Im Schabbelhaus, dem Stadtgeschichtlichen Museum der Hansestadt, fand 2005 eine zeitkritische Ausstellung über die Norddeutschen Dornier-Werke, wie sie ab 1938 firmierten, statt.

Die mecklenburgische Ostseeküste gegenüber der Lübecker Bucht haben wir als Kinder durchs Fernglas angeguckt. Dabei bekamen wir immer Gänsehaut, was daran lag, dass sich stets das Thema »Russen« aufgedrängt hat, welche gleichbedeutend mit dem Bösen waren (dass es auch den Begriff »Befreier« gab, haben wir erst sehr viel später erfahren). Unsere Eltern erzählten lauter Geschichten »vom Krieg«, die auf die Lider drückten, sobald wir die Steilküste am Brodtener Ufer hochmarschierten (eines der vielen Alltagsworte damals, das eine unheimliche Aura besaß). Ziel dieses meist sonntäglichen Ausflugs, der zum Standardprogramm eines jeden Besuchs am Timmendorfer Strand gehört hat, war das Restaurant »Herrmannshöhe« mit seinem imposanten Panoramablick über die Lübecker Bucht. Stundenlang schauten wir von dort oben den auslaufenden Fährschiffen nach Skandinavien zu. Ähnliches können wir nun von Groß Schwansee aus tun. Und vielleicht taten dies seinerzeit auch Wilhelm Ludwig Hartwig von Both nebst Gattin Maria Amalia aus dem Hause von Plessen mit dem Dampfschiffverkehr – sofern die Herrschaften derlei Muße überhaupt fanden. Waren doch die meisten ihres Standes mit dem »Bauernlegen« befasst, jener aristokratischen Trendsportart zur Expansion ihres Privatvermögens und Grundeigentums.

In Schwansee hatte der Landraub bereits 1621 begonnen. Früher oder später geschah das überall in Mecklenburg. Und bis weit ins 19. Jahrhundert hinein regierte diese feine feudale Art, bekannt auch als »vererbte Leibeigenschaft«. Den Bauern und Landarbeitern blieb kaum mehr als ihr *Muspott* (Mustopf) mittags zu Tisch, über den sich Fontane gern erhoben hat. »Großen Stil«, schrieb der Wanderer durch England, Schottland und die Mark Brandenburg, brächten die Mecklenburger nicht heraus. *Räd du man* (Rede du man), werden sich diese im Gegenzug gedacht haben.

Groß Schwansee, dessen Name von Chronisten auf das slawische »Zwaanze« zurückgeführt wird (wobei bis heute unerforscht ist, ob die Ortsbezeichnung mit Schwänen zu tun hat oder nicht), entdeckten nach der deutsch-deutschen Fusion vor allem Hamburger und Lübecker. War kein Heldenstück. Lag ja schon vor dem Bau der Ostseeautobahn A 20 dicht (obschon unerreichbar) vor ihrer Tür. Über die Zäune ihrer adretten Ferienhäuser und Alterssitze beugen sich jungmädchenhafte Birken im Kätzchenflor. Sprösslinge von Tulpen und Narzissen, Jasmin und Perlhyazinthen, Schwertlilien und Krokussen blinzeln schüchtern aus Rabatten hervor. In den noch winterkahlen Beeten räkelt sich erstes zartes Grün. Seeadler kann man gelegentlich sehen. Amseln singen. Für »80 bis 100 Euro pro m$^2$« werden auf einem riesigen Stellplakat »72 neue Baugrundstücke« annonciert. Ein ganzes Ostseedorf ist in Groß Schwansee im Entstehen, nur dass es weder Geschäfte noch Gasthäuser gibt. Bislang jedenfalls nicht. »Wie total abgeschottet die ganze Gegend hier bis hoch nach Boltenhagen war, 1952, als das Sperrgebiet kam!«, erzählt uns eine Frau am Strand, die aus Groß Schwansee stammt und nach 1945 auf der zur Landwirtschaftlichen Produktionsgenossenschaft (LPG) umgewandelten Gutsanlage gearbeitet hat. »1961 dann die Mauer. Mit Baden war da nix mehr! Wir durften nicht mehr an die Ostsee, konnten sie nicht mal mehr sehen!« Viele wollten damals abhauen. Einige versuchten es auch. Von dramatischen Szenen allerdings habe man in Groß Schwansee nichts mitgekriegt. Es sei auch nie jemand erschossen worden, hätten erst kürzlich ehemalige Grenzer in einem Interview mit den *Lübecker Nachrichten* erklärt. Vergangenheitsbewältigung made in Germany.

Der Kolonnenweg – inzwischen entmilitarisiert und eingebettet in ein Naturschutzgebiet – wurde zum »Ostseeküstenradweg« umfunktioniert. Wegen der monströsen Betonplatten auf manchen

Streckenabschnitten weht dort mitunter noch ein Hauch von Nationaler Volksarmee (NVA). Ansonsten aber öffnet jener sechshundertdreißig Kilometer lange Weg, der im äußersten Südwesten Mecklenburgs beginnt und über Rügen sowie den Darß bis ins nordöstlichste Vorpommern führt, jahrzehntelang verriegelte Gemächer unserer Königin, der Ostsee. Der Küstenradweg kreuzt auch die alte Lindenallee auf der Seeseite des Schlossgutes Groß Schwansee Richtung Strand. Fast stündlich wechselt hier die Ostsee ihr Gewand.

Im Hotel liegen Postkarten im Flachreliefformat mit einer historischen Ansicht des Gutsgeländes aus. Die Farben Muschelrosa und Nachtfalterbraun. Präzise in der Mitte das Herrenhaus. Davor ein großer Teich, der links und rechts von behäbigen Scheunen und Ställen im Lehmfachwerk umrahmt wird. Die Gebäude, die später für LPG-Küche und Konsum genutzt worden sind, verschwanden im Zuge der Neugestaltung 1999 von der Bildfläche. Bewahrt hat man einzig den Teich (weil er ein Geschenk der Natur ist und ihn der Mühlenbach speist?). Sobald der Frühling beginnt, spritzt eine Fontäne stolze fünfzehn Meter senkrecht hoch und verbreitet bis zum Ende der Sommerzeit ein Fluidum aus champagner-prickelndem Luxus. Eis zum Kühlen, das man früher im Winter aus dem Teich gesägt und im Eiskeller vis-à-vis des Herrenhauses aufbewahrt hat, kommt heute selbstverständlich aus dem Schlossgutrestaurant. Saftiges Erdbeerrot auf Möbeln und Vorhängen dort bezirzt unbemerkt Zungen und Gaumen. Sonnenblumengelb lächelt ein Landhaussofa oberhalb der Hotelrezeption zwischen dem ersten und dem zweiten Stock. Schwanenweiß strahlt das originale Schnitzgeländer beiderseits der bequemen, flachen Stufen aus hellbraunem Holz. Im offenen Kamin der Hotelbibliothek knistert wohlig warmes Feuer. Doch die Terrassensaison wartet schon mit heiterem Gläserklirren und quietschvergnügten Kindern, die unter den »Traumzauberbäumen« im Schlossgutpark Waldwuffel und Moosmutzel spielen. Derweil verliebt sich die Abendsonne zum tausendsten Male in die Ostsee, küsst sie mit ihren Strahlen und versinkt allmählich in Trance (heimlich aufgezeichnet von Jörg Kachelmann, der das ausgediente Trafohaus des Schlossgutes in eine Wetterstation umgerüstet hat).

## *Wehrhaft im Küstenwind*

*Dorfkirchen in der Kornkammer Mecklenburgs*

Ihre Uhren zeigen alle eine andere Zeit: Klütz zehn vor zwei; Kalkhorst neun vor vier; Elmenhorst acht nach halb sieben; Damshagen (wegen defekter Zeiger nur vage zu erkennen) gegen drei. Und die Uhren stehen still. Was aber nichts heißen will. Mecklenburg wird zwar seit Ewigkeiten nachgesagt, rückständig zu sein. Doch dieses Vorurteil befindet sich seit langem schon abgedroschen im Seniorenheim. Bismarck war es, der in die Welt gesetzt hat, dass in jenem alten deutschen Lande entlang dem »Balthischen Meer« alles hundert Jahre später passiere, weshalb er, der Eiserne, Otto Fürst von, denn auch im Falle eines globalen Infernos dorthin zu ziehen erwog. Der Witz lebte in vielen, nicht selten zynischen Facetten fort. Und jede Lachsalve klatschte meterdick zu, wie abgrundtief unerwünscht Innovationen, völlig wurst, welcher Art, »oben« waren, damit »unten« dumpfe Einfalt ungehindert weitersprießen konnte – nach dem bekannten (gähn!) Spruch: »Überall dringt Bildung durch // nur noch nicht in Meckelnburch.« Bei jeder unpassenden Gelegenheit hoben unsere Altvorderen zum Skandieren an, wobei der Reim auf den Endsilben »durch – burch« nicht weich, sondern mit krächzendem »ch«, wie in Bayern üblich, auszusprechen war. Ganz wichtig, ja, ja!

Kirsten Hoffmann-Busch, die Pastorin von St. Laurentius in Kalkhorst, locker in Jeans und Shirt, gibt sich amüsiert. Wirft ihren Kopf mit der dunkelblonden, sportlichen Wuschelfrisur zurück und gluckst vergnügt. Dass »ihre Uhr« und die der anderen Dorfkirchen in der Nachbarschaft stillstehen, war ihr noch gar nicht groß aufgefallen! Obwohl, gewusst hat sie's natürlich – klar. Doch die aus Boizenburg an der Elbe stammende Frau, die bei den Demos 1989 für den Mauerfall knapp zwanzigjährig aktiv dabei war, bewegen andere Sorgen. Noch immer nämlich geht es darum, die stark angeschlagene Bausubstanz der Kirche zu sanieren. Als Kirsten Hoffmann-Busch im Juni 2001 frisch examiniert den Job hier bekam und mit ihrem Mann, Philipp Busch, ebenfalls Theologe, ins Pfarrhaus einzog, drohte der Kirchturm einzufallen. Ein noch im selben Jahr auf beider Initiative hin gegründeter »Verein zur Erhaltung der Dorfkirche Kalkhorst« verhinderte das Schlimmste. Beachtliche private Geldspenden kamen seither zusammen, außerdem rettende Fördermittel vor allem seitens der Deutschen Stiftung Denkmalschutz und der Stiftung zur Bewahrung kirchlicher Baudenkmäler (KiBa).

Inzwischen konnten die Fundamente des Kirchenschiffs befestigt, Gewölbe ausgebessert, das Dach erneuert und Zuganker gesetzt werden. 2005 stand die Sicherung des Kirchturmes an. Faustdicke Risse drohten die tragenden Pfeiler zu zerbersten, die Außenmauern waren marode, stellenweise völlig kaputt. Nächstes Projekt ist die schrittweise Restaurierung der barocken Innenausstattung, wozu man nicht zuletzt auch die sechs Herrschaftsemporen der sechs einstigen Gutsbesitzer aus den sechs umliegenden Dörfern (Rankendorf, Neuenhagen, Hohen Schönberg, Schwansee, Dönkendorf, Brook) aufgelistet hat. In Balustraden, Paneelen und Verzierungen richtete sich bereits unter Honecker der Holzwurm nett ein und sorgte in seiner tiefen Ortstreue für Nachhaltigkeit: Das Lamm im Altar, auf das sonst Johannes der Täufer als Zeichen Jesu mit seiner Hand verwiesen hat, lag eines tristen Tages als Häufchen Bohrmehl da. Kaum anders erging es der Kreuzesfahne, die eigentlich den Sieg des Lebens über den Tod symbolisieren soll. Auch sie zerbröselte, millimeterdicht durchbohrt, vor sich hin, bis der liebe Gott ihre Seele in die Arme nahm. Auf den gemeinen Nagekäfer wartet nun das Jüngste Gericht. Was ihm wohl zu seinen Übeltaten einfallen wird? Wahrscheinlich – nichts.

Die Mehrzahl der Mecklenburger Dorfkirchen (zusammenaddiert mit jenen in Vorpommern sind es rund tausend) wurde zwischen dem 13. und dem 15. Jahrhundert erbaut. Zuvor hatten sich deutsche Siedler, vornehmlich aus Niedersachsen und Westfalen, in die Grundmoränenebene eiszeitlicher Herkunft aufgemacht, wo sie auf die elbslawischen Obotriten trafen, die wiederum bei ihrer Einwanderung aus dem Osten auf Reste germanischer Sippen gestoßen waren. Schlachten zwischen Heinrich dem Löwen, 1154 Bauherr des Ratzeburger Domes, und Slawenfürst Pribislaw, dessen Residenz, die Mikilenburg, später als Namensgeberin von Mecklenburg gedient hat, ließen das einst von Gletschern bedeckte Land bis Ende des 12. Jahrhunderts erschüttern – eine Geschichte der Christianisierung und Kolonisation, kompakt wie die Partitur einer dramatischen Oper, in die sich jeder einlesen sollte (zumindest in eine ihrer Kurzversionen), bevor er in diese Gegend eine Reise tut. Die alten Mecklenburger kennen die Historie ihrer Vorfahren gut. Und blicken mit Stolz auf ihre sakralen Dorfschönheiten, die mit Backstein oder Feldstein oder zweistimmig mit beiden errichtet wurden (möge man uns verzeihen, dass wir das seltenere Fachwerk an dieser Stelle ausklammern).

Unter schützenden Baumriesen in Dassow zum Beispiel, das von Kalkhorst aus auf einer schmalen windungsreichen Allee (Vorsicht Raser!) in einer halben Autostunde in südlicher Richtung zu erreichen ist, hatten wir uns vor einigen Wintern an einem klaren Novembertag die Kirche St. Nikolai angeschaut. Mit Postkartenaussicht auf den Dassower See (eine Ausbuchtung der Trave, die zu Schleswig-Holstein gehört) steht sie auf einem Hügel oberhalb der Lübecker Straße, wo es im Haus Nummer Eins bei Fischer Sell, einem Urmecklenburger, der sich mit jedem grundsätzlich nur auf Platt unterhält (wenn er sich denn überhaupt unterhält), den weltbesten Räucheraal gibt. Ein dichter Urwald erstreckte sich vom einstigen »Dartzowe«, deutsch: Dornenort (abgeleitet aus dem slawischen »draci« = Dornenstrauch), über Klütz bis an die Ostsee. Das erste Gotteshaus der Dassower, das dem heutigen Backsteinchor entspricht und damals eine heilige Zuflucht vor den Gefahren draußen bot, wurde bald mit Feldsteinen erweitert, denn der Platz reichte nicht mehr aus. Die schweren Granitblöcke lagen überall in den Mecklenburger Endmoränenzügen verstreut. Sie auszugraben, mit Gespannen zur Baustelle zu befördern und dort Stein für Stein zu Quadern zu behauen, dreißig bis fünfunddreißig Zentimeter »im Geviert«, war harte Knochenarbeit. In alten Chroniken wird das gelegentlich erzählt und außerdem, wie insbesondere das Zusammenspiel zwischen dem derben Naturstein und der aus Ton gebrannten Neuerfindung harmoniert hat. Mit geschultem Auge erkennt man dann plötzlich, welche Dorfkirche aus den unmittelbaren Anfängen nach 1200 stammt, als die Quader nur grob behauen in einfachen Reihen übereinander geschichtet worden waren. Später versetzten die Maurer die Quaderreihen wohl durchdacht gegeneinander, sorgten sie für winkelgerechte Ecken und Kanten, drückten in den noch rührwarmen Mörtel blanke weiße Kiesel und ritzten mit der Kelle Fugen in die Mörtelumrandungen. Mit Backsteinen schmückten sie schließlich Fensterleibungen, Giebelfelder und Portale. Wie viele Teleaufnahmen wir schon von den grafischen Linien und Oberflächenstrukturen der Steine gemacht haben! Von den Farblegierungen aus Rotrot, Rotbraun, Braunbraun, Braunschwarz, Schwarzocker, Sand, Orangegelb; von den glasierten Steinen in ihren unzähligen Formen, von den Rundbögen und Wölbungen! Dabei kennen wir gerade mal einen Bruchteil der Mecklenburger Dorfkirchen. Gern würden wir nach und nach alle besichtigen. Das haben wir auch von anderen Leuten unterwegs immer wieder gehört. Eine Dorfkirchenreise! Das wär's! Und wenn eine Kirche geschlossen ist? Kein Problem. Meistens hängt im Eingangsbereich auf dem Kirchhof ein Hinweis mit Name und Anschrift, wo man sich den Kirchenschlüssel ausleihen kann. »Pfarrhaus, Heinrich-Schliemann-Straße 4« (genau, auch der Entdecker Trojas stammt aus Mecklenburg, er hat sogar bei seinem Onkel, Friedrich Schliemann, der in Kalkhorst Pastor war, als angehender Gymnasiast 1832 gewohnt – aber das ist wieder eine andere Geschichte), lasen wir auf einem Faltblatt an der Kirche St. Laurentius in Kalkhorst, als wir eine unserer ersten Touren in die Kornkammer Mecklenburgs starteten. Die Bezeichnung »Kornkammer« geht übrigens auf die Rodungen jenes Urwaldes im frühen Mittelalter zurück, als kräftiges Korn bald darauf aus den fetten fruchtbaren Böden des Geschiebemergels kroch und einen ganzen Landstrich durch gute wie durch schlechte Zeiten gefüttert hat. Ein etymologisches Relikt der Urwaldrodungen ist »-horst« in den Namen Kalkhorst und Elmenhorst.

Philipp Busch gab uns damals im Pfarrhaus den Schlüssel zu St. Laurentius und eine von ihm geschriebene kleine Führung durch die Kirche. Damit kämen wir gut zurecht, meinte der herzliche Enddreißiger, dessen Akzent in unseren Hamburger Ohren definitiv nicht nach dieser Ecke Norddeutschlands klang, sondern nach Eutin oder Malente oder Plön, auf jeden Fall nach Schleswig-Holstein. »Stimmt!« Und woher nun genau? Aus Preetz. Na, also. Und wie landet man von dort in Kalkhorst? Aus Liebe. Schmacht. Seufz. In Berlin hatte er seine Frau, die von der Uni Rostock in die neue alte Hauptstadt gewechselt war, beim Theologie-Studium kennengelernt. Beide faszinierte die Do-it-yourself-Aufbruchstimmung der neunziger Jahre: am Prenzlauer Berg, wo sie eine Weile gewohnt haben, in Berlin-Mitte, in den Kiezmilieus, in den hippen Cafés. Und die Atmosphäre an der Humboldt-Uni: einfach toll! Eine Spitzenbesetzung damals durch die Zusammenlegung von theologischer Fakultät, kirchlicher Hochschule in Zehlendorf und Sprachenkonvikt der Berlin-Brandenburgischen Kirche. Trotzdem, ihre gemeinsame Leidenschaft für die Küste, für die Weite, das Wasser, den Wind, blies ihre Zukunftswünsche wie die Samen einer Pusteblume immer an die Ostsee. Irgendwann wollten sie irgendwo dorthin. Am liebsten nach Mecklenburg. Am liebsten in einer Dorfkirche auf der Kanzel stehen. Kirsten Hoffmann-Busch bekam das große Glück. Philipp Busch jetzt auch. Als Pastor von St. Marien in Klütz. Sozusagen nebenan. Und wie haben die Kalkhorster und Elmenhorster (seit Januar 2000 eine vereinte Kirchengemeinde) auf die damals junge Pastorin, die gleich nach ihrem Vikariat bei ihnen begann, reagiert? »War nicht einfach!« Zum einen, weil der Vorgänger achtunddreißig Jahre hier gepredigt hat und an Kirsten Hoffmann-Busch sofort die Frage kam, die zugleich frommer Wunsch wie drängende Selbstvergewisserung war: »Sie bleiben doch auch so lange?!« Zum anderen beäugte man *dat schmächtige Kint* natürlich genau, ob es denn auch in der Lage sei, die verantwortungsvolle Aufgabe zu stemmen. Wo Ackergäule vorm Pflug und das Aufstaken von Heu einst das Tagewerk bestimmten und nur für grobe hölzerne Speichenräder passierbare Feldwege die Interpunktion der Seeleninschrift, kein Wunder. »Aber wenn die Mecklenburger merken«, weiß Kirsten Hoffmann-Busch, »dass man das, was man sagt und tut, ehrlich meint, erkennen sie einen an.« Außerdem besitze sie »eine gute Erdung«, was die Chemie positiv beeinflusst hat. »Schön, dass Sie da sind!« hört sie jetzt oft – ein Riesenlob. Und fast scheint es so, als würde ihr der Seilakt gelingen, die Kalkhorster in die Elmenhorster Kirche zu bewegen und die Elmenhorster in die Kalkhorster Kirche. Jedes Dorf war immer für sich und pflegte seine eigene Seinsweise. So kauften die Kalkhorster Frauen mit Kittelschürze ein, sogar mit *barßen* (nackten) Beinen, also ohne Strümpfe unterm Rock. »Das hätten die Elmenhorster Frauen nie gemacht!« Ein Grund dafür mag sein, dass Kalkhorst stets seinen bäuerlichen Charakter bewahrt hat, während sich Elmenhorst, wo es ein Gut mit entsprechenden Arbeitsplätzen für die Dorfbevölkerung gab, als was »Feineres« verstand. Kalkhorst wurde denn auch in der DDR Sitz einer LPG, Elmenhorst hingegen VEG, also volkseigenes Gut. Kirsten Hoffmann-Busch zieht ihre Augenbrauen hoch. »Den Unterschied spürt man noch!« Eine weitere Barriere: die Entfernung. Satte sechs Kilometer sind es von Kalkhorst bis Elmenhorst, umgekehrt deutlich mehr. Den Elmenhorstern nämlich ist Kalkhorst viel zu weit weg im Westen. Da wollen sie nicht hin. Nee.

Heute ist das sicher wichtigste Argument, dass die Elmenhorster an ihrer Kirche hängen. Es ist die kleinste weit und breit, gebaut in der zweiten Hälfte des 13. Jahrhunderts auf einem ungewöhnlichen Grundriss: Er weist die Form eines griechischen Kreuzes auf. Gepflegte Blumengräber ruhen unter den starken Ästen efeuumrankter, lebenserfahrener Linden. Und der mit Schindeln bedeckte, achtseitige Spitzhelm auf dem Turm schraubt sich wie vom Winde verweht zu den Vogelschwärmen in die Luft. Ob jene Statur tatsächlich durch starke Böen über die Jahre zustande kam oder aber bewusst konstruiert worden war, um diese an der Nase herumzuführen, gilt in Fachkreisen als umstrittenes Phänomen. Einig ist man sich indessen darin, dass die Elmenhorster Kirche besonders eindrücklich zeigt, was »wehrhaft« meint. So lässt ihr Turm, der in klassischer Kirchenbauarchitektur auf der Seite der Finsternis steht, dort, wo das Grauen, das Unheil herrührt, kaum Licht in sich hinein. Sobald man aber durch die Kirchturmtür ins Kircheninnere eintritt, mithin gen Osten blickt, wird es hell und heller, ex oriente lux (aus dem Osten das Licht)! Wie eine Reflexion dieses Lichts, das am Anfang aller Schöpfung steht, wirkt das Weiß der Wände, das Weiß der Gewölbe und das Weiß des Gestühls. Von einer »Sommerkirche« spricht darum auch Philipp Busch, der von der Elmenhorster Kirche kurioserweise schon gehört hat, als er noch in Schleswig-Holstein lebte und Mecklenburg höchstens im Traum begegnet ist. Sein Großvater nämlich erzählte ihm damals oft von einem Preetzer Ehepaar, das sich »für eine Dorfkirche im Osten« engagierte. Und weil die Welt klein ist und der Himmel über Mecklenburg weit, stellte sich heraus, dass der Vater jener Ehefrau selbst auch Pastor gewesen war, von welchem Philipp Busch wiederum, als dieser starb, um einige Ecken herum Bücher geerbt hat, denen er nun im Bücherschrank des Kalkhorster Pfarrhauses einen Ehrenplatz gab.

Ähnlich wie St. Laurentius in Kalkhorst befand sich die Dorfkirche Elmenhorst über Generationen hinweg in einem beklagenswerten Zustand (die letzte Sanierung fand 1853 statt): Im Sockelbereich hatte Spritzwasser die Fugen ausgewaschen und durch die Feuchte Unkraut angelockt, das im Mauerwerk Wurzeln schlug und Putzabsprengungen nach sich zog. Löcher in der Dachhaut richteten im Dachstuhl Dauerschäden an, indem das Holz vom Pilz befallen wurde und seine Tragfähigkeit verlor. Als das Preetzer Ehepaar eines schönen Sommers an diesem Trauerspiel vorbeiradelte, fasste es sofort den Plan: Geld sammeln! Stattliche Füllhörner brachten zudem die Deutsche Stiftung Denkmalschutz und der Verein »Dorfkirchen in Not« zusammen.

Inzwischen blüht das Elmenhorster Kirchenleben richtig auf. Trauungen vor allem stehen hier hoch im Kurs. Und wenn erst die Kirchuhr wieder tickt, für die seit längerem schon an einer neuen Mechanik gebastelt wird, kapieren auch Fremde, dass Mecklenburg auf der Höhe der Zeit ist. Die Kalkhorster Kirchuhr, das sei der Vollständigkeit halber erwähnt, wartet auf eine neue Welle, die eigens für sie angepasst wird. Gleiches betrifft Klütz. Für die Damshagener Kirche liegen zum Thema Uhr verschiedene Vorschläge auf dem Tisch. In gewohnter Tradition stiefelt nur in Dassow noch ein Friedhofsgärtner allwöchentlich die Wendeltreppe zum St. Nikolai Kirchturm hoch, um die tonnenschweren Gewichte aufzuziehen. Dabei komme es auf ein paar Stunden früher oder später nicht an, murmelt der Mann, als wir ihn an jenem klaren Novembertag vor einigen Wintern begleiten durften und beeindruckt neben der ächzenden Kurbel stehen: »Guckt doch sowieso keiner hin! Mecklenburger wissen selbst, wie spät es ist!«

## *Wiedergewonnene Jahrestage*

*Im Literaturhaus Uwe Johnson zu Klütz*

Eine steile Holztreppe führt hinter der transparenten Stahl-Glaskonstruktion nach oben ins erste Geschoss. Es riecht alles noch neu. Nach frischer Farbe. An den weiß gekalkten Wänden alte Plakate zu Veranstaltungen über Uwe Johnson – »Es ist eine Welt gegen die Welt zu halten.« Plakate von 1994 anlässlich seines sechzigsten Geburtstages, den er jedoch nicht erlebt; zehn Jahre zuvor bereits stirbt er in seinem Haus im englischen Sheerness-on-Sea. Ursache: Herzversagen. Plakate zu einer Gesprächsrunde über Johnsons DDR – »Wo ich her bin das gibt es nicht mehr.« Ein kurzer Blick noch mal zurück. Die Treppe ist wirklich steil. Licht fällt durch die einstigen Speicherluken, die nun verglast und mit neuen Luken im originalen Stil versehen wurden. Man möchte hinauslugen auf die Straße (eigentlich eher ein dörflich anmutender Weg wie auf einem alten Mecklenburger Landschaftsgemälde). Doch die Fenster liegen zu hoch. Dann tritt man ein. Genau durch die Mitte, durch das »W«. Das »W« von UWE.

Die drei Buchstaben entdeckt man aber erst, wenn man sich umdreht und ein paar Schritte von der Tür entfernt. Und das tut man erst, sofern überhaupt, nachdem man sich in den »Leserollen« auf den Stehpulten links und rechts der Tür auf Uwe Johnson eingestimmt hat. Ansichten über ihn, manchmal nur ein Satz, manchmal ganze Seiten, finden sich dort, sehr persönlich allesamt, intim, privat, zum Beispiel von Heinrich Böll, Ingeborg Bachmann, Hannah Ahrendt, Günter Kunert, Hans Mayer, Manfred Bierwisch, Max Frisch, Jürgen Grambow, Fritz Rudolf Fries. Oder auch von Luise Rinser, die da die Frage stellt, »warum stirbt einer mit 49?« und sogleich eine Antwort parat hält: weil er getrunken habe, viel getrunken habe. Das also müsse es gewesen sein. »Warum aber trank er?«, fragt sie weiter. »Was war da krank an ihm?« Die Grande Dame der bundesdeutschen Nachkriegsliteratur kannte Johnson und kannte ihn nicht. In der Berliner Akademie der Künste hätten sie sich oft gegenüber gesessen, schreibt sie; er, Johnson, immer mit seiner schwarzen Lederjacke, seinem kahlen Kopf und seinem von zu hohem Blutdruck geröteten Gesicht; sie, die um über zwanzig Jahre Ältere, ihn fürchtend, denn er erschien ihr »finster«, »abwesend«, »undurchdringlich«. Kein einziges Wort hätten sie miteinander gewechselt. Dass an Johnson zeitlebens das Gefühl genagt hat, als Schriftsteller »im Schatten von Grass« zu stehen, meint an anderer Stelle in jenen »Leserollen« Johnsons Verlegerin in New York, die deutschjüdische Emigrantin Helen Wolff. Und Johnsons Verleger in Frankfurt am Main, Siegfried Unseld, weiß, der Erfinder der Gesine Cresspahl habe »immer das Absolute« gewollt. Hintersinnigen Humor, nur

Insidern vertraut, bescheinigt der Spiritus Rector der »Gruppe 47«, Hans Werner Richter, dem »Pommer und Mecklenburger«. Und Walter Kempowski erinnert sich an den schwierigen Kollegen mit dem Zitat: »Zu den so genannten ›angenehmen Menschen‹ gehörte er nicht.« Grob sei er geworden, wenn ihm etwas nicht gepasst habe, »saugrob«, mürrisch und unduldsam ohnehin. »Es war nicht gut Kirschen essen mit ihm.«

UWE steht in mannsgroßen Versalien im ersten Geschoss des ehemaligen Getreidespeichers an der Wand. Und durch das »W« führt die Tür. Hinein. Hinaus. Viele übersehen das.

Aus hellem gelb-roten Ziegelstein wurde das Mauerwerk, das von außen deutlich massiger wirkt, als es innen tatsächlich ist, um 1890 gebaut, in unmittelbarer Nachbarschaft zum Klützer Marktplatz, wo auch die Kirche St. Marien steht, deren »Bischofsmütze« man vom Speicher aus sieht. In seinen »Jahrestagen« beschreibt Johnson diesen Speicher, desgleichen den bemützten Turm, »lang und spitz läuft er zu, und wie die Mütze eines Bischofs hat er Schildgiebel an allen vier Stirnen«, und überhaupt macht er das Dreitausend-Seelen-Städtchen Klütz im Hinterland der Ostsee auf der Höhe von Boltenhagen und der Wohlenberger Wiek zu einem der Hauptschauplätze in seinem rund neunzehnhundert Seiten umfassenden Opus Magnum. 1970, 1973 und 1975 erschienen die ersten drei Bände im Suhrkamp Verlag. Der vierte und letzte Band kam erst nach einer langen Schaffenspause, genauer gesagt metaphysischen Schreibhemmung, 1983 heraus. In diesem Jahr auch trat Johnson das letzte Mal öffentlich auf, als er nämlich während der Frankfurter Buchmesse eine Lesung gab. Die Seele blutig gekratzt und in seiner manischen »Sucht nach Verrat« in jenem Wahn versackt, dass Ehefrau Elisabeth eine Affäre mit einem tschechischen Geheimdienstmitarbeiter hätte (wofür es bis heute keinerlei Beweise gibt) – das alles lähmte Johnsons Phantasie, stanzte Sperren in die Vorräte seiner Erinnerungen, schlimmer noch, vergiftete sie, entwertete sie. So formulierte er es selbst, der 1980 in seinen Frankfurter Vorlesungen an der Goethe-Universität die »Beschädigung des Subjekts« als ein Produktionsmittel des Schreibens definiert. Auf der anderen Seite immer präsent jener Unseld, der Johnsons desolate finanzielle Lage in erbarmungslosen Druck ummünzt und ihm die Fertigstellung der »Jahrestage 4« buchstäblich abringt, was Johnson wiederum in psychische Qualen stürzt. In der Nacht vom 23. auf den 24. Februar 1984 muss es dann geschehen sein, in Johnsons Haus auf der kleinen Insel Sheppey in der Themse-Mündung. Nach kaputter Ehe und Trennung von Frau und Kind lebte Johnson dort schon lange allein, umgeben von schweren, schwarzen Ledersesseln, einer Karte von Mecklenburg an der Wand, Zeitungsausschnitten, einer Bibliothek aus reichlichen viertausend Büchern (davon sechshundert über Mecklenburg), Mappen, Papieren und einer aufrecht sitzenden, aus Ton gegossenen Katze, etwa so hoch wie der Sitz eines Stuhls. Die Katze Erinnerung?

Im Pub von Sheernes-on-Sea, wo sich Johnson häufig blicken ließ und kräftig zudröhnte, hatte nicht mal der Wirt auch nur den blassesten Schimmer, von wem er die Pfundnoten kassierte. Klar war wegen »his German accent« lediglich irgendeine deutschsprachige Herkunft. Mehr nicht. Kein Uwe. Kein Johnson. Nichts. »Charles« nannten ihn seine englischen Saufkumpane. Doch als dieser plötzlich nicht mehr kam, ahnten Wirt und Tresensteher Unheilvolles, brachen zwei Mann von ihnen das Kellerfenster in Johnsons Haus in der Marine Parade 26 auf und fanden ihren »Charles« tot auf dem Boden, aufgedunsen von Alkohol. Am 14. März 1984 lief die Nachricht durchs Radio. Späteres Spurensuchen vor Ort legte die Vermutung nahe, dass Johnson in der Nacht vom 23. auf den 24. Februar gestorben war. Einen Terminkalender mit diesem Datum aufgeschlagen fand man dort.

In Klütz, das in den »Jahrestagen« nicht Klütz, sondern Jerichow heißt (so wie Güstrow Wendisch Burg oder Grevesmühlen Gneez), konnte damals mit dem Namen Uwe Johnson kaum jemand etwas anfangen. Der im pommerschen Cammin, heute Kamién Pomorski (Polen) geborene, in Anklam an der Peene aufgewachsene, und später dann in Güstrow in die John-Brinckmann-Oberschule gegangene Sohn von Eltern, die beide aus Bauernfamilien stammten, war den Klützern nahezu unbekannt. Kaum anders ging es den meisten Brüdern und Schwestern 1984 im Westen – mit Ausnahme eines feinen, handverlesenen

Kreises Johnsonianer, die mit Jüngern von James Joyce oder Marcel Proust oder Arno Schmidt zu vergleichen waren. Wer abseits derselben den Namen Johnson immerhin einzusortieren vermocht hat, las den »Unlesbaren« aber nicht oder wurde vom Schlagwort »Autor der deutsch-deutschen Teilung« abgeschreckt (eine posthume Ignoranz der besonders originellen Art, wo doch Johnson alles Denken im Karteikastenformat zugunsten des Werkstattartigen, Prozesshaften nachgerade zuwider war). Bliebe noch jene auf einem Auge stets blind gewesene westdeutsche Linke zu erwähnen, die in Erichs und Margots Wunderland den Traum der Menschheitsgeschichte erfüllt sah – für die war Johnson schon gar nichts. Und Klütz? Wer in der BRD hatte von dem »Ostkaff« je gehört?

Als uns der gute deutsche Kohl, den wir ja alle schrecklich mochten, weil er uns Vitamine ohne Völlegefühl versprach und uns zudem viele Jahre mit wichtigen Ballaststoffen voll gepumpt hat, als also dieser kräftige deutsche Kohl, den nur Banausen verkannten und geschmacklos fanden, uns alle endlich wieder an einen Tisch zusammengebracht und schon beim ersten kollektiven Biss in das eine oder andere noch etwas ungare Blatt ins ABC der Erbengemeinschaft eingeführt hat – da, ja, da ganz allmählich rückte man näher an den neuen alten Nachbarn heran, tauschte Adressen und Telefonnummern aus und packte bei jedem Date, das übernachtungsträchtig schien, vorsorglich seine Zahnbürste ein. So (oder so ähnlich) tourten auch literarisch Ambitionierte los, um sich die Erbstücke in Klütz/Jerichow anzuschauen, zumal Uwe Johnson in seinem Baedeker neugierig machende Bilder, »Wenn Jerichow zum Westen gekommen wäre«, eingetragen hat. Die vielen fremden Gesichter waren für die Klützer anfangs doch recht wunderlich. Und da die meisten von ihnen mit dem Einzug des Kapitals dazu verdonnert worden waren, radikal umzudenken und sich eine völlig neue Existenz aufzubauen, interessierte sie die Familiengeschichte der Cresspahls herzlich wenig, auch wenn sie direkt vor ihrer Haustür stattgefunden hat. Das sollte sich bald ändern.

Unter dem Vorsitz des Klützer Apothekers Eckard Witte, dessen Apotheke am Klützer Markt für viele Durchreisende mit den »Jahrestagen« unterm Arm zur Infothek geworden war, gründete sich 2002 der »Uwe Johnson Förderverein«. Und diesem gelang es dank des beharrlichen Stehvermögens seiner Mitglieder, darunter eine stattliche Anzahl Klützer, dass die Dielentore im Speicher für ein Literaturhaus Uwe Johnson geöffnet wurden. Und nachdem der feierliche Festakt zur Einweihung am 7. April 2006 beachtliches Echo fand, besuchen auch viele Einheimische die Johnson-Dauerausstellung im ersten und zweiten Geschoss. Unter den Gästen aus allen Teilen Deutschlands, aus Skandinavien, Polen, Österreich und aus der Schweiz melden sich mittlerweile ganze Literaturgruppen an, um an Führungen mit der Literaturhausleiterin, Anna-Franziska Scharsich, teilzunehmen. »Wir haben großen Wert darauf gelegt«, sagt die promovierte Germanistin, »dass der Speicher in seiner ursprünglichen Funktion weitgehend erhalten bleibt«, und zeigt dabei auf die Schütten und Winden, mit denen man früher die Getreidesäcke hoch und runter befördert hat. Denn Albert Papenbrook, Gesine Cresspahls Großvater in den »Jahrstagen«, sei ja auch Getreidehändler gewesen – »insofern ein schöner Bezug«. Außerdem hätten sich damals die Landwirte in den Getreidespeichern getroffen, um sich auszutauschen. »Das haben wir aufgegriffen. Der Speicher ist nun auch wieder ein Ort der Kommunikation.« Und im dritten Geschoss unter den Dachbalken werden Lesungen etwa im Rahmen des »Klützer Literatursommers« abgehalten. Thematisch dreht sich dabei vieles um Johnson, der in Rostock und Leipzig Germanistik studierte, wegen unbotmäßiger politischer Äußerungen nach bestandenem Diplom allerdings keine Anstellung fand (Lektor wäre er gern geworden) und 1959 die DDR verlassen hat. Doch auch andere Autoren und ihre »Verbotene Literatur in der DDR«, so eine spezielle Projektreihe, erhalten im Klützer Speicher nun ein Forum. Für Massen ist das alles indes nicht gedacht. Würde auch weder zu Uwe Johnson noch zu seinem Mecklenburg passen.

Stunden reichen nicht aus, um sich in der Ausstellung satt zu sehen und satt zu lesen. So liegen etwa im UWE-Geschoss, wo das Biografische im Vordergrund steht, auf den Lehnen schwerer, schwarzer Ledersessel, wie Johnson sie besaß, Bücher aus: »Ingrid Babendererde« oder »Wohin ich in Wahrheit gehöre« oder »Begleitumstände«. Daneben gibt es Manuskripte, Gutachten, Zeugnisse, Briefe. »Gegenständliches haben wir leider sehr wenig«, bedauert Anna-Franziska Scharsich, die die Ausstellung konzipierte, »Johnsons Arbeitsbibliothek ging komplett ans Johnson-Archiv nach Frankfurt, an den Suhrkamp Verlag«. Das Hickhack um den Nachlass, in dem man Johnsons Witwe unter dem Gekreische medialer Aasgeier ausgebootet hat, überspringen wir an dieser Stelle (desgleichen die Individualrecherche eines gewissen Tilman Jens in Johnsons Haus, nachdem dieses bereits versiegelt war, was den damaligen Stern-Reporter seinen Job gekostet hat) und blättern stattdessen in den Schobern mit Auszügen aus Manuskripten, Gutachten, Briefen. Die verspiegelte Wand gegenüber jener mit UWE weckt Assoziationen an die Wasserspiegelungen der mecklenburgischen Seen, die Johnson innig liebte und über die er mit seiner Pfeife im Mund auf einem Stein sitzend sinnierte, hier in Klütz, nicht weit von der Barlachstadt Güstrow, wohin er in Wahrheit gehörte. Dazwischen in Schaukästen immer wieder Fotos, allesamt schwarz-weiß, die schönsten von Johnsons Güstrower Klassenkamerad und Lebensfreund, Heinz Lehmbäcker. Am 23. Oktober 1983 sahen sich die beiden zum letzten Mal.

Eine Treppe höher. Ins zweite Speichergeschoss. JOHNSON steht da an der Wand. Und durch das »N« führt die Tür. Hinein. Hinaus. Das Ende in seinem Namen.

Ein breiter, milchiger Kunststoffvorhang, wie man ihn aus Kühlabteilungen von Supermärkten kennt, trennt hier symbolisch »Fiktion und Realität«. Johnsons Arbeitsweise also steht in diesem Ausstellungsteil im Mittelpunkt. Und diese wird exemplarisch etwa an einer tagespolitischen Notiz illustriert, die vor jenem Vorhang ausgestellt und dahinter an markierter Textstelle bei Johnson wiederzufinden ist. »Johnson sprach von ›tatsächlichen Erfindungen‹ und benutzte eine spezielle Montagetechnik«, erläutert die in Wismar lebende Literaturhausleiterin, »und er hatte seine eigene Interpunktion, verzichtete oftmals auf Kommasetzungen.« Das sei für viele Menschen ungewohnt, mitunter auch mühsam zu lesen. Nicht so jedoch bei seinen poetischen Hymnen an die mecklenburgische Seelenszenerie, die er wie kein Zweiter beschrieb. Anna-Franziska Scharsich fotografierte in den vergangenen Jahren Motive aus Johnsons Bildern wie die »morgendliche Kiefernfinsternis« an den Ufern der Seen oder das »weißliche Seelicht« unter »Laubgrün«. Einige dieser Fotos, wie alle anderen in der Ausstellung schwarz-weiß, sind hier nun zu sehen und regen an, an Johnsons Orte heute zu gehen – im Ohr seine Stimme aus der Literaturhaus-»Hörstation«, wo er, der kaum jemanden an sich heran ließ, von Erinnerungen und Vergangenheiten und Jahrestagen erzählt, die im Leben der Gesine Cresspahl »wieder gewonnene Jahrestage« sind.

## *Das Silber des Meeres gibt sich die Ehre*

*Mit Schnaps und Shantys auf den Wismarer Heringstagen*

Schon allein vom Zugucken wird man ganz *duhn* (betrunken). Jedenfalls nach dem zweiten, dritten Schnaps – Rostocker Doppelkümmel vor allem hat es den Leuten angetan. Denn wenn die Jungs vom Shantychor »Blänke« ihren kernigen neuen Stimmungshit singen, *Hiring satt up den Disch, braden Hiring jung und frisch* (Hering satt auf den Tisch, Brathering jung und frisch), und dazu wie auf hoher See schunkeln, haut es den einen oder anderen Angesäuselten schon mal um. *Fisch will swemm'n, dat is doch woll bekannt* (Fisch will schwimmen, das ist doch wohl bekannt), schmettern die dreißig Männer *vun de Waterkant* (von der Wasserkante) und ermuntern ihre Fans nach jedem Refrain, *glieck dorto noch'n Koem* (gleich dazu noch'n Köm = Kümmelschnaps), *in Wismar up den Heringsmarkt, in uns Meckelborger Land* (in Wismar auf dem Heringsmarkt, in unserem Mecklenburger Land).

Die gute Laune spielt an diesem letzten Wismarer Heringstag am 26. März 2006 mit. Das Wetter nicht. Funkt sogar mit Schauern und Böen ständig dazwischen. Doch was soll's? Der nahe Verwandte von Sprotte, Sardine und Sardelle geht trotzdem weg wie nix: goldbraun gebrutzelt, geräuchert, gegrillt oder in der sauer eingelegten Variante namens »Bismarck-Hering« zwischen (schnell schlappe) Salatblätter und Zwiebelringe in ein Brötchen geklemmt, welches zu verspeisen angesichts seiner voluminösen Ausmaße schon im nüchternen Zustand ein Kunststück ist, jedoch unverzichtbar, weil es die seltene Gabe besitzt, und das macht das Fischbrötchen aller Fischbrötchen so begehrt, »geistigen Getränken« bis ins höchste Promillesegment eine handfeste Verdauungsgrundlage zu geben und als »Must-Have« beim Katerfrühstück gute Besserung besser als jede Ratiopharmtablette zu garantieren. Ganz nebenbei kurbeln Hering und Schnaps auf diese Weise unsere Wirtschaft an. Ohne Klingeltonwerbung. Ohne Kerner. Ohne Glos. *Makt nich dick, lang man to* (macht nicht dick, lang man zu), singt der Weimarer Shantychor. Prost!

Aus den Töpfen des Hanseatischen Köcheclubs Wismarbucht dampfte vor einer Weile die Idee, jedes Jahr im März für runde zwei Wochen spezielle Heringstage zu zelebrieren. Dabei sollten in den Restaurants »To'n Zägenkrog«, »Seeblick«, »New Orleans«, »Schäfer Eck«, »Zum Weinberg« (benannt nicht etwa nach exotischen Ostseereben, sondern weil man in diesem historischen Restaurant 1648 erstmalig Wein ausgeschenkt hat), »Alter Mönch« oder »To'n Ossen«, und wie sie alle heißen, regionaltypische Heringsgerichte auf der Karte stehen, zum Beispiel Hering in Gelee oder Aspik oder in Salz eingelegt,

Hering als Mops gerollt, zu rotem oder weißem Heringssalat in kleine Stücke geschnippelt, als *Matjes* filetiert oder als Brathering in *Wismarer Mumme* serviert, wohinter sich das legendäre Wismarer Schwarzbier verbirgt, ein süffiges Nass noch aus den alten Zeiten der Hanse. Über einhundertachtzig Brauer gab es um die Mitte des 15. Jahrhunderts in der Stadt. Viele davon Ratsherren, die mit der *Mumme* dicke Geschäfte machten. In Holland. In Flandern. In Schweden. In Finnland. Lange zuvor hatte ihnen schon das »Silber des Meeres« großen Wohlstand gebracht, ähnlich wie ihren hanseatischen Mitstreitern in Rostock, Greifswald oder Stralsund. Ob in die Alpenländer, nach Russland oder Richtung Baltikum – *de hiring* (der Hering) versprach im Geldsack kräftigen Profit und wurde zeitweise sogar selbst als Zahlungsmittel eingesetzt. Für circa einen Euro rutscht heute ein Hering über den Ladentisch. Und wenn der Startschuss zum großen Heringsbraten auf dem Wismarer Marktplatz als Auftakt der Heringstage fällt, sind im Handumdrehen zweitausend jenes wohl bekanntesten Speisefisches verzehrt. Strammer Heringsesser und Heringspromoter ist selbstredend Mecklenburg-Vorpommerns Landwirtschaftsminister Till Backhaus (SPD), der seit Bestehen der Wismarer Heringstage 2003 zugleich auch als ihr Schirmherr fungiert.

Womit wir bei einem anderen wichtigen Thema wären, um das es sich (nicht nur in Wismar) immer auch dreht.

Im Gespräch mit Köchen und Kellnern wird nämlich oft über die Situation der Ostsee-Fischer diskutiert, die alles andere als witzig ist. Blanker Horror sind die Fangquoten. Und das versteht man in seiner ganzen Tragweite erst, wenn man den Fischern vor Ort mal in Ruhe zuhört. Die meisten sind in der Fischereigenossenschaft Wismarbucht mit Sitz am Alten Hafen organisiert, indes selbständig nur noch ein gutes Dutzend – darunter aus Warnemünde, Kühlungsborn oder von der Halbinsel Poel. Früher waren es sehr viel mehr. Fischer genossen in der DDR ein hohes Ansehen. So besaß allein das Fischkombinat Rostock vierhundertvierundachtzig Schiffe und fünftausend Mann »seefahrendes Personal«. Und was wann wo in welchen Mengen gefischt wurde, war den roten Socken egal. Dann rückten die Schlauberger aus dem Westen an. Unternehmensberater. Banker. Investoren. Wickelten das gescheiterte Politikexperiment ab. Derweil gammelten im Rostocker Hafen Schiffe und Kutter vor sich hin. Massen wurden arbeitslos. Sattelten um. Gingen weg. Untergerührt in die deutsche Einheitssuppe verwandelte sich Republikflucht in den Zwang zur Mobilität. Wer da aus der Spur flog, hatte Pech.

Von Detlef Jürß, einem jener Fischer aus der Fischereigenossenschaft Wismarbucht, erfahren wir, als wir 2005 zum ersten Mal zu Gast bei den Heringstagen sind, vom tiefen Groll gegen die EU. Die lieben Herren tönten zwar immer groß, Bürokratie abzubauen, täten aber das direkte Gegenteil. Auflagen über Auflagen. Es werde immer schlimmer. Jeden Tag, wenn er »auf Hering« oder zu was auch immer hinausfahre, müsse er zum Beispiel ein Fischereilogbuch führen. »Ein Fischereilogbuch!«, erklärt Jürß und betont dabei jede Silbe exakt. »So eine Schwarte ist das!« Zwischen seinem Zeigefinger und Daumen, die er demonstrativ hochhält und im Takt seiner Entrüstung auf und ab wippt, hat die Stärke eines Branchentelefonbuchs Platz. »In vierfacher Ausfertigung müssen wir da alles eintragen: Ein Zettel geht nach Rostock an den Oberfischmeister. Ein Zettel geht nach Wismar zur Fischereigenossenschaft. Ein Zettel geht zum Bundesamt nach Hamburg und wird von da weiter nach Brüssel geleitet. Einen Zettel behalte ich. Toll, was? Und dann die Preise!«, redet Jürß ohne Punkt und Komma weiter. Für vieles, was er fische, bekomme er pro Kilo gerade mal sechzig Cent. Wie solle man da seine Beiträge für Rentenversicherung, Krankenversicherung, Pflegeversicherung, Seemannskasse, Diesel für den Bootsmotor, Wartung und Instandhaltung des achteinhalb Meter langen Kutters (»neu kostet das Ding hundertvierzigtausend Euro!«), Reparaturen am Netzgeschirr und so weiter und so fort aufbringen? Jürß fischt außer Heringen auch Ostseelachs, Meerforellen, Dorsch. Durch Überfischung sind die Bestände aber spürbar weniger geworden. »Die machen doch alle, was sie wollen, die Polen, die Dänen! Nur wir Deutschen sind so blöd, halten uns an die Vorschriften!« Und dann diese verdammten Kormorane, wettert er. »Die fressen sogar Edelfisch und koten hinterher alles tot. Gucken Sie sich mal unsere Bäume hier an! Die werden überhaupt nicht mehr grün!« Das habe doch mit Naturschutz nichts zu tun. Rohrdommeln und Eisvögel, ja, über die freue er sich sehr, auch über Seeadler, zwei Brutpaare wurden gerade am Dassower See gezählt.

Bei seinem Vater, der aus einer alteingesessenen Mecklenburger Fischerfamilie stammt, lernte Detlef Jürß 1965 das Fischereihandwerk. 1969 holte er sein Abi nach und besuchte anschließend in Warnemünde die Seefahrtsschule. Als Kapitän der Hochseefischerei verdiente er später gutes Geld und kam rum in der Welt. Doch damit war 1989 Schluss. Jürß kehrte in die Wismarbucht zurück und baute die Garage im Souterrain seines Dassower Hauses in ein Fischgeschäft um. Immer ist da nun was los. Und gern wird ein Happen Dorschleber probiert. »Das ist wie zwanzig Minuten sonnen«, wirbt Jürß mit seinem Lachfaltencharme, »reines Vitamin B!« Ehefrau Bärbel, mit dickem Wollpulli und Schal hinterm Tresen, nickt. »Stimmt, Fisch ist unheimlich gesund!« Mindestens dreimal in der Woche würden sie darum auch Fisch essen. Am liebsten mit Pellkartoffeln, Stampfkartoffeln oder Kartoffelsalat. »Aber nur selbst gemacht!« Für den überkandidelten Kram dieser Sterneköche haben sie nichts übrig. »Nuwell Kwisien oder wie das heißt!« Statt schwindsüchtigen Portionen auf mordsmäßigen Tellern bevorzugen sie es solide und reell, wie es schon immer in Mecklenburg üblich war. »Bückling mit Brot schmeckt auch gut! Oder mit Sprotten!« Manchem Kunden steckt Bärbel Jürß eine Hand voll zu. Ein Nachbar öffnet die Tür, tritt ins Geschäft. Hallihallo. Jürß klopft ihm auf die Schulter. Räucheraal habe seine Frau vorbestellt und ihn nun geschickt, selbigen abzuholen. »Die sind heute schön fleischig«, sagt Bärbel Jürß und packt die acht Stück ein. Acht Stück? »Esst Fisch, und Ihr werdet mehr am Tisch!«, flachst der Nachbar und stellt sich breitbeinig in Positur. »Na, denn haut man rein!«, flachst Detlef Jürß zurück und zündet sich eine Zigarette an.

An jenem letzten Wismarer Heringstag 2006, einem Sonntag, bleibt es kalt und nass. Till Backhaus geht ans Mikro und muntert das Publikum mit positiven Bilanzen auf: Die Heringssaison, die ja immer von Januar bis Mai andauere, sei in den beiden Vorjahren absolut zufrieden stellend gelaufen, und momentan sehe es in diesem Jahr glänzend aus. An manchen Tagen wogen die Küstenfischer in ihren Schleppnetzen fünfzig Tonnen. Gleichwohl, kündigte der Minister an, müsse der Dorschbestand aufgestockt werden. Denn der niedrige Salzgehalt der Ostsee dezimiere die Reproduktionsfähigkeit des Fisches stark. Noch 1980 umfasste dessen »Biomasse« siebenhunderttausend Tonnen, auf weniger als ein Zehntel sei diese bis heute laut Bundesamt für Naturschutz geschrumpft. Jungfische wolle man darum in einem europaweit einmaligen Zuchtprogramm »vorstrecken«. Mutmaßliche Kosten: siebenunddreißig Millionen Euro. Da legt der Wismarer Shantychor sofort den Seemannsklassiker hin: »Blow, boys, blow … There is plenty of gold, so I am told, on the banks of …«

An den Fischbuden am Alten Hafen stehen Regenschirme Schlange. Der abgenudelte Spruch, dass es nur schlechte Kleidung gibt, macht seine Runde. Hahaha. Diejenigen, die in der ersten Reihe vor der Bühne stehen, singen laut mit: »Blow, boys, blow …« Einige tanzen, andere freuen sich, endlich zu wissen, dass Hering nicht gleich Hering ist. Ostseehering oder auch baltischer Hering oder Strömling nennt sich nämlich das hiesige Schuppentier, das (wie alle Heringe) in großen Schwärmen auftritt, weshalb es sich so wunderbar fangen lässt, im Unterschied zum sechsunddreißig Zentimeter langen Hochsee-Hering aber nur fünfundzwanzig Zentimeter misst und darum zarter und schmackhafter ist und obendrein einen besonders hohen Jod- und Eiweißgehalt besitzt. Guten Appetit!

Wer satt ist und keinen Durst mehr hat, schafft sich zum Abschluss seines Heringstageausflugs vielleicht noch ein küstengerechtes Outfit an. Und auch daran ist am Wismarer Hafen gedacht: vom turbinenblauen *Troyer* (Seemannspullover mit Rollkragen und Reißverschluss bis zur Brust) bis zu jenem Stehkragenhemd, das überall an der deutschen Küste unter dem Terminus Fischerhemd gehandelt wird und in der grätendünnen blau-weiß gestreiften Variante mit halber Knopfleiste dasjenige welches ist. Seitdem sich der Sommer-Sonne-Sekt-Tourist der Fischermode bemächtigte, die eine ähnliche Aura zu suggerieren scheint wie die Lederhose in Bayern, kann man die Hemden in jedem Promenadenkiosk nebst Luftmatratzen und Langneseeis kaufen. Zugeschnitten auch als konventionelles Oberhemd oder mit Kellerfalte im Rücken, mit Perlmutt- oder Holzknöpfen, mit Ärmelbündchen oder bloßem Saum. Freigegeben ab null Jahren für Männer wie für Frauen. Last but not least, gehört zum perfekten Küstenlook noch ein rotes Baumwollhalstuch. Und – so unsere unbedingte Empfehlung – das vom Hanseatischen Köcheclub Wismarbucht in Tateinheit mit der *Ostsee Zeitung* sowie der Wismarer Traditionsbuchhandlung Weiland herausgebrachte Wismarer Fischkochbuch. Die »Wismarer Verführung« auf Seite fünfzig/einundfünfzig werden wir als Erstes nachexerzieren, wozu vonnöten: ein Kilo geschälte und in Scheiben geschnittene Kartoffeln, zwei in Ringe geschnittene Zwiebeln, hundert Gramm gewürfelter durchwachsener Speck, hundertfünfzig Gramm süße Sahne, hundert Gramm Butter, ein Teelöffel Salz, vier Heringsfilets, zweihundert Gramm Semmelmehl und hundert Gramm frisch gehackte Petersilie. In einer Auflaufform wird das Ganze in einer bestimmten Reihenfolge wie Ware in einem Hafenspeicher übereinander geschichtet. Danach in den Backofen geschoben. Und nach einer knappen Stunde wieder rausgeholt. Näheres an entsprechender Stelle bitte selbst nachlesen. Oder online vertiefen auf der Website des

Köcheclubs. Auch Menschen, die sich einbilden, dass ihnen am Herd niemand was vormachen kann, geraten da ganz schön ins Schlingern.

Hoch lebe der Hering, Clupea harengus, der schon lange kein Arme-Leute-Essen mehr ist. Ein Tusch. Hurra. Und der Shantychor hebt noch einmal an: *Smeckt siehr gaud, giwwt in'n Kopp di frischen Maud* (schmeckt sehr gut, macht im Kopf dir frischen Mut). Alles klatscht. Ist pitschnass. Bis zum nächsten Jahr!

## *Handgestrichener Backstein und frisch angerührter Muschelkalk*

*Auf der gotischen Großbaustelle von St. Georgen zu Wismar*

»Der größte Schicksalsschlag erwischte die Kirche vierzehn Tage vor Kriegsende«, sagt Wolfgang Ferdinand, »in der Feuernacht vom 14. zum 15. April 1945«. Luftminen schlugen bei diesem letzten Angriff, den die Alliierten auf Wismar flogen, ein und machten aus dem Backsteinriesen eine Ruine. »Hier, vorm Chor, wurden zwar noch Gottesdienste abgehalten, das hörte aber 1953 auf.« Als Junge, erinnert sich der Kirchenbauamtsleiter, der damals noch nicht zur Schule ging, hatte er mit Freunden in der Ruine Versteck gespielt. War natürlich lebensgefährlich und strengstens verboten. Aber eben darum für die Kinder abenteuerlich schaurig-schön. 1957 bekam St. Georgen immerhin einen Dachstuhl. Gedeckt wurde er jedoch nicht. Der Materialmangel war beträchtlich. Denn noch immer herrschte in der Hansestadt, deren gotisches Viertel komplett in Trümmern lag, bittere Nachkriegsnot. 1977 riss ein Sturm den Dachstuhl wieder ab. Nächster Schicksalsschlag die Orkannacht 1990. Der Giebel des Nordquerhauses schmetterte auf Häuser am Georgenkirchhof. »Das war das Signal, dass sofort gehandelt werden muss«, sagt Wolfgang Ferdinand. »Die ganze Kirche wäre sonst umgekippt, der Chor auf den Fürstenhof gestürzt.« Die DDR existierte noch. Wenngleich in einer Art Schwebezustand. Die SED-Fürsten hatten sich vom Acker gemacht. Weitsichtig krempelte die Deutsche Stiftung Denkmalschutz ihre Ärmel hoch, änderte sogar ihre Satzung, weil sie ja als Westeinrichtung für den Osten nicht zuständig war, und legte los. Unterstützt von zwei Fördervereinen und der Wismarer Bürgerschaft und vielen, vielen privaten Sponsoren. »Eine beispiellose Kraftanstrengung!«

Noch im selben Jahr wurden die ersten Sicherungen vorgenommen, obwohl die Wiedervereinigung noch gar nicht über die Bühne gebracht worden war.

Inzwischen strahlt das Gewölbe wieder im alten Glanz. Für alle, die St. Georgen noch aus jenen Tagen kennen, als britische Soldaten durch Wismar patroullierten, unvorstellbar. »Das Interesse am Wiederaufbau ist enorm«, freut sich der Kirchenbauamtsleiter, »über all die Jahre guckten ständig Leute vorbei, die wissen wollten, wie weit wir seien!« Das ist noch immer so. 2010 soll St. Georgen, eine der monumentalsten und kunsthistorisch ungewöhnlichsten Backsteinkirchen in Norddeutschland, fertig sein.

Nicht mit Beton, Zementöl und Silikon, sondern mit selbst angerührtem Mörtel aus Sand, Kalk und Muschelschalen – nach dieser mittelalterlichen Technik wird in St. Georgen gebaut. Und zwar mit handgestrichenen Backsteinen, die aus nassem

Lehm in Holzkästen gefertigt und bei tausend Grad in Brennöfen acht Tage backen und dabei tiefrot werden. Jeder Stein ein Unikat. Im Klosterformat. Der eine etwas größer, der andere etwas kleiner. »Am Schluss muss alles passen.« Würden Maschinensteine verwendet, die härter als Backstein sind, gäbe es Probleme, weil die im Mauerwerk wie Keile wirken und enorme Spannungen hervorrufen können. »Der Laie denkt zwar, Backstein, ach, solche gewaltige, schwere Masse, da bewegt sich nichts. Falsch! Eine Kirche bewegt sich immer. Im Zehntelbereich!« Handwerkliches Geschick war darum das A und O, als Wolfgang Ferdinand seinen Bautrupp ausgewählt hat. Denn kein einziger Maurer lernt heute noch die hohe Kunst des Wölbens. Mit Geduld und Spucke wurde gemeinsam an Ort und Stelle etwa das fischgrätenartige Verzahnen der Backsteine geprobt, bis alles saß und jeder das Know-how, wozu auch räumliches Sehen zählt, drauf gehabt hat. Als dann der Ernstfall eintrat, erinnert sich der Bauamtsleiter, und das schwer beschädigte Kreuzrippengewölbe im Chor dran war, habe er, der selbst auch Steine anlegte, dutzendfach am Tag nach dem Rechten geschaut. Gleichzeitig von allen vier Ecken aus die Rippensteine vermauern und von den Rippenansätzen wiederum gleichzeitig die vier Kappen einwölben, bis der letzte Stein den Schlussakkord setzt und unter seinem vertikalen Druck das Meisterstück zusammenhält – für Ferdinands Team eine unglaubliche Anspannung und Herausforderung. Bereits 2003 lautete die stolze Erfolgsbilanz: über sechshundert Quadratmeter Gewölbefläche geschafft. »In keiner Kirche Europas hat man Vergleichbares jemals in solchen Ausmaßen gemacht.«

Mit dem Baufahrstuhl rattern wir sechsunddreißig Meter an der Ostwand zur Turmspitze hoch. Außen. Mannomann. Aber was für ein Panorama! Die Ostsee. Der Wismarer Hafen. Die Insel Poel. Schnappschussreif für einen Fotowettbewerb. Harter Wind pfeift uns um die Ohren. Der ganze Körper vibriert. Mit von der Partie Rudi Hain, der Polier, der den Auftrag, Innensanierung des Turmes, kontrolliert. »Alle verwitterten Steine müssen rausgebohrt, teilweise ausgestemmt werden, vorsichtig, mit Fingerspitzengefühl, um Störungen im Außenmauerwerk zu vermeiden und die Schale glatt zu bringen.« Der Fahrstuhl rattert weiter. An verzierten Formsteinen vorbei. Und auch dort sind Lücken aufzufüllen. »Sehen Sie mal hier, dieses Schmuckband, zieht sich um den ganzen Turm. Sieben Backsteine links und sieben Backsteine rechts müssen ersetzt, aber erstmal angefertigt werden. Die haben von uns den Spitznamen ›Siebener‹ bekommen.« Deutschlandweit hatte Wolfgang Ferdinand 1990 einen Hersteller für die richtigen Backsteine gesucht. Fand aber keinen. Eine dänische Manufaktur kleidet nun St. Georgen neu ein.

Aussteigen. Endstation. Tief gebückt unter Bauplanen hindurch klettern wir über einen Mauervorsprung auf wackelige Bretter in den Turm. Dröhnende Bohrmeißel schallen uns entgegen. Wir verstehen unser eigenes Wort nicht mehr. Nur zwei Maurer hier? »Es muss behutsam Last eingebracht und ebenenweise gearbeitet werden«, erklärt Wolfgang Ferdinand, und das funktioniere eben nicht nach der Devise, je mehr Leute, desto schneller. Eine Kirche ist kein Reihenhaus. Zudem untersuchen sie jeden einzelnen Backstein auf Herz und Nieren. Ersetzt wird nur, wo es zwingend erforderlich ist. Denn Denkmalschutz heißt, möglichst viel Originalsubstanz zu erhalten. Die meist gestellte Publikumsfrage, wie viele neue Backsteine es in St. Georgen zum jetzigen Zeitpunkt gibt, weiß der Bauamtsleiter nicht genau zu beantworten. Strichlisten führe keiner. Sechs Millionen titeln Zeitungen. Kann sein, das komme wohl hin.

Maurer Erwin Krüger ist in seinem Element. Sticht gerade Backsteine aus, die zu diesem Zweck markiert worden sind. Keine einfache Arbeit, oder? »Nee, dat kann nich jeder!« Was muss man können? »Mauern, ha!« Erwin Krüger macht keinerlei Aufhebens um sich. Typisch Mecklenburger Mentalität. Und auch er redet nicht gern. Wie seine Wismeraner Kollegen. »Aber die Poeler sind noch schlimmer«, kontert Rudi Hain. »Vor zwanzig Jah'n hätten Sie da inne Gaststube geh'n könn' und sich an'n Tisch ransetz'n, kein Mensch hätte mit Ihnen gesprochen!« Wolfgang Ferdinand stimmt zu und weiß ein anderes Lied zu singen. Zum Beispiel vom dortigen Fischerfest, damals bei den Inselnachbarn. »Zweimal mit'm selben Mädchen tanzen? Dann war man reif!« Um vierundzwanzig Uhr mussten außerdem alle Nicht-Poeler die Insel verlassen haben. »Wenn du mit den' nich kannst«, schließt Rudi Hain unseren landeskundlichen Exkurs ab, »bissu tot.« Heute ist man allerdings auf der Insel über jeden Übernachtungsgast froh.

Auf der gotischen Großbaustelle von St. Georgen läuft nichts ohne Restaurator Matthias Zahn. Ihn treffen wir, als wir wieder festen Boden unter den Füßen haben und uns von Walter Ferdinand erzählen lassen, dass sie bei einsturzgefährdeten Stellen ihre Maurer »am Bauch festbinden« mussten. Zugleich achteten sie höllisch darauf, dass die mittelalterlichen Malereien nicht noch mehr als ohnehin in Mitleidenschaft gezogen wurden. »Das hört sich simpel an«, sagt Matthias Zahn, der an der Dresdner Kunsthochschule Wandmalerei studiert hat (Bauingenieur war er sowieso schon), »aber überall stehen Gerüste, auf denen der Maurer mauern muss, Steine schneiden muss, Steine putzen muss, Steine feucht machen muss – wie leicht fliegen da Spritzer herum!« Auch um den Erhalt des mittelalterlichen Putzes ist das Expertenduo Zahn und Ferdinand bemüht. »Nur wo der Putz völlig hin ist, dass es keinen Sinn hat, ihn zu befestigen, wurde er abgenommen.«

In der Ruhe liegt die Kraft. Matthias Zahn zeigt uns in seinem Buch, das er über St. Georgen geschrieben hat, einen alten Stich – die Kirche thront darauf festungsgleich über Fachwerkhäusern und Bäumen: in der Mitte das mächtig ausladende hohe Querschiff, flankiert von achteckigen Treppentürmchen mit spitz zulaufenden, nadeldünnen Helmen. An den Giebeln Blendrosetten und Lanzetten. Rote Backsteine wechseln sich mit schwarz glasierten ab.

Fünfundvierzig Jahre lang hatte St. Georgen kein Dach. Wuchsen in die glaslosen Fenster und auf den Mauerresten Büsche, Unkraut, Gras. Bäume brachen sich in der Ruine Bahn und verwandelten die Kulisse in ein gespenstisches Szenario. »Um die Weihnachtszeit war es hier drinnen aber oft richtig schön«, sagt der Restaurator, »auf den Gerüsten leuchteten dann unsere Lichter, über uns der freie Himmel, und wenn es dämmrig wurde, beobachteten wir die Sterne, manchmal fiel auch Schnee«.

Fast alle Fenster sind heute restauriert, die Gewölbe aus dem 13. Jahrhundert wiederhergestellt, die Sakristei aufgebaut, Hoffnung verheißende Helle scheint durch das »Goetheglas«. Konzerte fanden in den Provisorien von St. Georgen statt. Und eine Ausstellung »Gebete in Stein«, die mit einer »Backsteinnacht« eröffnet wurde, machte die Kirche auch international bekannt. Zwei Ehepaare aus Mailand stehen vor dem Portal, eigens angereist zur Backsteingotik in den Ostseestädten Greifswald, Stralsund, Rostock, Bad Doberan, Wismar und (auf ihrem Rückweg) in Lübeck, wo seine Majestät, der Backstein, aus der Epoche der reichen Hanse, in Norddeutschland zu regieren begann.

Beim Abschied von der Baustelle drücken uns die Männer fest die Hand. Und Rudi Hain gibt uns mit auf den Weg, dass für ihn St. Georgen ein Geschenk ist. »Hier wird noch richtig gemauert. Stein auf Stein. In einem Riesenumfang. Sowas erlebt man im Leben nur einmal.«

## *Bernsteingold*

*Als berührte die Sonne das Meer*

Ja, so könnte es gewesen sein. Ähnlich wie hier, in der neuen, hellen Eingangshalle des Klarissenklosters, wo uns in brütender Julihitze gold leuchtender Bernstein schier den Verstand raubt. Ganz nah möchte man an die Tropfen und Zapfen und Schlauben heran, möchte man die Stücke in die Hand nehmen, sie drehen und wenden und spüren, wie die Ströme ihrer glatten, glasigen Oberfläche unter die Haut gehen. Von einem Wunderstab möchte man sich in ihr amorphes Innerstes hineinzaubern lassen, um für einen Wimpernschlag nichts als irisierendes Hellgelb, Goldgelb, Orangegelb, Bienenbraun, Meerschaumweiß oder »Eisklar« rundherum wahrzunehmen. Aber all die baltischen Kostbarkeiten, weit über fünfzig Millionen Jahre alt, liegen in luftdicht abgeschlossenen Vitrinen. Offen präsentiert, wäre ihr Schicksal rasch besiegelt. Das Deutsche Bernsteinmuseum in Ribnitz-Damgarten auf halbem Wege zwischen den Ostseehäfen Rostock und Stralsund verfügt über die reichste Bernsteinsammlung in unserem Land, untergebracht im ehemaligen Haus der Domina, welches im Zuge seiner architektonischen Umgestaltung (1984 hatte man die Klosterräume bereits als Bernsteinmuseum ausgebaut) weiträumige klare Linien bekommen hat, bis im April 2006 die Neueröffnung stattfand. Nach hinten hinaus der historische Klosterhof, in den man vom Museumscafé aus durch eine Panoramascheibe schaut – wie der Blick aus einem Bernstein nach draußen in die Welt, nur dass der Gelbfilter fehlt.

Gedankenspielereien fangen uns hier ein. Zum Beispiel, dass der mit einer Leuchtwand aus Bernsteinsplittern verzierte Eiscremetresen im Museumscafé jene von den Griechen aufgestellte These reanimiert, Bernstein sei »verdichtete Sonnenstrahlen« oder, wie andere glaubten, aus der glühenden Erdballmitte herausgesprudelte Partikel, die das Meer anschließend erkalten ließ und in unendlicher Formenvielfalt wusch und rieb. Bernstein könnte aber auch in einem märchenhaften Sonnenuntergang über der Ostsee entstanden sein. Durch ein gemächliches, rotgoldenes Fließen. Irgendwohin. Irgendwoher. Getragen von den Wellen. Weit weg am Horizont.

Zurück auf den Boden der Tatsachen. An einer Schauwand wird im Museum (abermals von »Sonnenstrahlen« durchtränkt) die erdgeschichtliche Herkunft des Bernsteins illustriert, vor allem die des Baltischen Bernsteins, der auch Ostseebernstein heißt, beginnend mit dem Tertiär, als der »sagenumwobene Bernsteinwald« den heutigen Ostseeraum bedeckt hat. Über die genauen Grenzen jenes Fennoskandia weiß man nur ungefähr Bescheid, wie der Bernsteinforscher Karl Andrée 1951 in einem Kosmos-Bändchen schreibt. Demnach mag die Südküste die Längsachse unserer gegenwärtigen Ostsee gewesen sein; die Ostküste das nördliche Rußland oder westliche Sibirien. Hingegen liegt die Nordküste »wohl für immer im Dunkel der heutigen Meerestiefen«, so der einstige Direktor des Geologisch-Paläontologischen Instituts an der Albertus-Universität Königsberg (heute Kaliningrad / Rußland), oder – wie auch die Westküste – begraben unter dem arktischen Eis.

Die Königsberger Bernsteinforschung stand in engem Kontakt mit der Staatlichen Bernstein-Manufaktur in der ostpreußischen Hauptstadt. Namhafte Königsberger Bernsteinkünstler und Bernsteinschmuckjuweliere arbeiteten für den Betrieb, der bis zum Überfall der deutschen Wehrmacht auf Polen glorreiche Jahre gefeiert hat – als größter Bernsteinhersteller der Welt.

Kiefern wuchsen in dem tropisch-subtropischen Bernsteinwald, und diese waren, wie man heute verlässlich weiß, die alleinigen Fossillieferanten. Daneben gab es Buchen, Ahorne, Eichen, Ulmen, Weiden, Kastanien, Dattelpalmen, Fächerpalmen, Zimtbäume. Aus dem dschungelartigen Unterholz ragten Sumpfzypressen heraus. Millimeterkurze Zweigreste jener sommergrünen Baumriesen (Sumpfzypressen schießen fünfunddreißig Meter hoch) entdecken wir in einem Bernsteinexponat als Einschluss. In einem zweiten steckt ein Stückchen Laubmoos, daneben in einem dritten die Blattknospe einer Eiche, in einer vierten sind »Sternhaare« erstarrt, also Haarbüschel von Buchen-, Eichen- und Kastanienknospen und so weiter und so fort. Lupen vor den jeweiligen Bernsteinen in den Vitrinen lassen jedes Detail phantastisch erscheinen. Der Bernsteinwald en miniature. In Harz gegossen und versteinert. Bis in alle Ewigkeit.

Im Unterschied zu den pflanzlichen Einschlüssen wirken die tierischen wie Beweisaufnahmen vom letzten Lebensmoment. Denn die Fliegen, Ameisen, Spinnen, Schnecken, Mücken, Käfer und Wespen wurden beim Krabbeln, Kriechen, Umherschwirren, beim Hochzeitsflug, Kopulieren, Ei ablegen oder bei der Nahrungsaufnahme vom triefenden Harz erwischt, sodass sie in exakt jener Bewegung in die Geschichte der Fossilien eingingen, mit der sie in die Harzfalle hineingeraten sind. Und da sich ein Großteil des sozialen Lebens dieses urzeitlichen Getiers am Stamm und Geäst der »Bernsteinkiefer«, Pinius succinifera, ereignet hat, bildeten sich die Einschlüsse (Inklusen) in den jeweiligen Formen der Harzabsonderungen. Beispiele dafür finden wir in einer Vitrine, in der die Inklusen eine Schnake, ein Buntkäfer, eine Stabschnecke, ein Tausendfüßler sind. Unbezahlbar übrigens! Und in einem aufschlussreichen Museumsbegleitbuch über den Baltischen Bernstein, herausgegeben von Museumsdirektor Ulf Erichson, sind Fotos aus der Ribnitz-Damgartener Inklusensammlung zu sehen: Sumpfkäfer, Rüsselkäfer, Seidenkäfer, Klopfkäfer, Schildläuse, Rindenläuse, Landasseln, Pilzmücken, Zuckmücken, Schmetterlingsmücken, Zikaden, Grillen – vergrößert von drei, vier, fünf, sechs Millimetern auf ein halbes Postkartenformat. Monströs sehen da plötzlich die Panzer, Fühler, Flügel aus, kafkaesk. Eine geheimnisvolle Magie strahlen die smaragdgrün marmorierten Riesenkugelaugen der Köcherfliege aus. Relikte der Urzeit im gläsernen Sarg.

Keinerlei Einschlüsse zeigt Bernstein, der durch innere »Saftflüsse« der Kiefer entstanden ist, etwa durch Risse oder Hohlräume oder »Harztaschen« im Stamm. Und dieser Bernstein kommt massenhaft vor. Das bedeutet aber noch lange nicht, dass er überall am Ostseestrand vor unseren Füßen liegt und wir uns nur zu bücken brauchen, um ihn aufzusammeln. Die See muss beben und schäumen, um die Glücksbringer aus den tiefsten Meeresgründen zu holen. Und das passiert nur im Winter bei harten Nordoststürmen, wenn das Salzwasser eine hohe Dichte hat, wodurch der Bernstein an die Oberfläche gelangt, verstrickt und verschlungen mit Seegras und Tang. Im Sommer wird darum kein »Sonnenstein« angespült, auch wenn Touristen das nicht glauben wollen und stundenlang nach diesem typischen Ostseeküstensouvenir am Strand Ausschau halten. Selbstverständlich aber kann man Bernstein kaufen. Auch im Bernsteinmuseum. Vom klitzekleinen einfachen Stein bis zum hochkarätigen »Fischland-Schmuck«. Dabei drängt sich immer wieder die Frage auf: Wie lässt sich das Original von der Täuschung unterscheiden? Ganz einfach, so eine Checkliste im Bernsteinmuseum: Vergleichen Sie zunächst das Gewicht.

Bernstein ist deutlich leichter als ein Stein, der eine etwa gleiche Größe besitzt. Klopfen Sie zweitens mit Ihrem Fundstück vorsichtig an einen Zahn: Bernstein klingt dumpf und fühlt sich ähnlich wie das Berühren mit einem Fingernagel an, jedweder Stein hingegen klingt hell und verursacht einen kurzen lokalen Schmerz. Reiben Sie drittens Ihren Fund kräftig an Wolle. Bernstein lädt sich elektrostatisch auf und zieht Fussel und Papierschnipsel an. Letzter Sicherheitstest: Stellen Sie in einem Glas eine gesättigte Salzlösung her. Ein Stein sinkt darin. Bernstein schwimmt.

## *Zur Sommerfrische auf den Darß*

*Wo das Salz die Sinne würzt*

Ist es das Smaragdgrün, das die Ostsee an diesen sonnenprallen Tagen, wo ein Hoch das nächste freudestrahlend jagt, so unverschämt gut aussehen lässt? Oder ist es der blendend weiße Quarzsand am Darßer Weststrand mit seinen extrafeinen Körnchen, die auf der badenassen Haut wie ein Peeling wirken? Oder sind es die Waldmoore in den tieferen Dünentälern, wo Erlen wachsen, Gilbweiderich, Sauerklee, Wasserschwertlilien und der Bittersüße Nachtschatten? Dieses nach morschem Holz, nach Pilzen, Moosen, Gräsern riechende, undurchdringliche, spukende Geflecht mit seinen Riesenfarnen wie aus längst zerronnener Zeit, die allein schon daran gemahnen, dass jeder menschliche Eingriff in dieses fast einzig noch übrig gebliebene deutsche Märchen eine Todsünde wäre? Oder ist es mitten im Darßer Wald, wo man auf ausgewiesenen Wegen zwischen Buchen wandeln darf, plötzlich das Schild »Altes Meeresufer« – diese zwei Worte aus dem Kampfvokabular der Naturgewalten Wasser, Wind und Land? Oder sind es auf der anderen Seite der Halbinsel die Bodden? Diese Lagunen, die es nur hier an der schönen alten Ostsee gibt, nicht an der Lübecker Bucht, hochgradig gefährdet, extreme Raritäten, bis zu zwei Metern tief, durch den Zustrom von Flüssen weniger salzig als das offene Meer, bewohnt von Seenadeln, vom Seeblatt, von Millionen Algen, von Zander und Hecht?

Am Hafen des Boddendorfes Born eine kleine Fischerklause mit einfachen Holztischen und Holzbänken am Wasserrand. Die Radfahrer, die hier Pause machen, kennen keinen schöneren Ort, um ihren gesunden Appetit, den die Ostseeluft anregt, mit frischen *Matjes* und Bratkartoffeln zu stillen und ihren Durst mit einem Radeberger Pils – gratis dazu abendrotumflammte Wolkenferne. »Fremde erkennen wir daran«, behauptet die Fischerfrau, »dass sie statt ›Flundern‹ ›Schollen‹ sagen«. Sagen wir auch. Sagen wir aber nicht laut. Schließlich sind wir Hamburger. (Tor zur Welt. Hamburger Fischmarkt. Da werden einschlägige Kenntnisse vorausgesetzt. Aber hier müssen wir leider passen. Beides sind rechtsäugige Plattfische. Also, wie jetzt?) Der Zander hingegen mit seinen pfenniggroßen Glubschaugen, die uns vorwurfsvoll aus der Verkaufsvitrine der Fischerklause anstarren, ist uns ein Begriff. Lang und kräftig, geteilte Rückenflosse, hechtförmiger Kopf. Die zur Familie der Barsche gehörenden Unterwasser-Räuber sind für ihre List bekannt. Letzteres wird speziell den höheren Semestern unter ihnen (ab fünfzehn Jahren aufwärts) nachgesagt. Nur selten gelingt es darum, ordentliche Kaliber zu fangen. Zander können bis zu einem Meter zwanzig lang werden und vierzig Pfund auf die Waage bringen. Die Zander der Borner Fischerfrau wiegen zwischen drei und vier Kilo – perfekt, um sie, nachdem man sie gesäubert und ausgenommen hat, mit Zitrone zu beträufeln, mit Zwiebeln, Lorbeerblättern und Pfefferkörnern zu füllen, in Pergamentpapier einzuwickeln und in einem Topf bei mittlerer Hitze zu garen. So lautet ein Rezept aus einem Büchlein »Schüsselhecht und nackter Barsch«, das wir in der Zingster Buchhandlung »läsen un schriben« (lesen und schreiben) erstanden haben. »Wie viel Zander brauchen Sie?«

Die Pforte zum Darß ist die Künstlerkolonie Ahrenshoop. Eine sandige, breite Allee führte früher durch den Ort mit rohrgedeckten Bauernhäusern unter Weißdornbäumen und knarrenden, winddurchwehten Tannen. Der erste Maler war der aus Oldenburg stammende Paul Müller-Kaempff. Im Sommer 1889, als er mit einem Freund nach einer Wanderung am Hohen Ufer Ahrenshoop entdeckte, blickte er, wie er später in seinen Erinnerungen schrieb, »überrascht und entzückt auf dieses Bild des Friedens und der Einsamkeit«. Kein Mensch war zu sehen gewesen. Aber in der Ferne die dunkle Linie des Darß, die Dünen gekrönt von Stechpalmen und wilden Rosen – ein »Studienplatz«, wie er ihn sich ersehnt hatte. 1892 baute sich Paul Müller-Kaempff in der Dorfstraße ein Haus und begründete damit die Künstlerkolonie. Zwei Jahre später baute er ein Atelierhaus für seine Malschüler. Und als 1909 der »Ahrenshooper Kunstkaten« entstand, eine Begegnungsstätte zwischen Kunstschaffenden und Kunstkäufern, entwarf er zusammen mit Theodor Schorn das Einweihungsplakat. Den Malern folgten Poeten, Intellektuelle, Bühnendarsteller, Selbstdarsteller, Flaneure, Bohemiens. Und mit ihnen die ersten Villen, Pensionen, Hotels.

Den Kunstkaten gibt es immer noch. Hellblau mit dunkelblauen Fensterläden. Und in alter Tradition werden die Boddenbilder, Seestücke, Dünenlandschaften von Ahrenshooper Künstlern ausgestellt. Alljährlich im August veranstaltet der Katen seine »Ahrenshooper Kunstauktion«. Mit dem nötigen Kleingeld in der Tasche kann man dann den halben Darß ersteigern: den Darßwald 1896 in Öl von Elisabeth von Eicken, den Strand 1922 kaltnadelradiert von Max Pechstein, das Hohe Ufer 1935 in Gouache von Carl Lohse oder als absolutes Highlight den aufgehenden Mond über dem Bodden 1895 von Louiz Douzette – Kostenpunkt neuntausend Euro.

Zu den meist gemalten Darß-Motiven zählen die »Windflüchter«, jene Kiefernbäume mit Sturmfrisur an kahlem Stamm, das Asthaar abstehend wie ein Brett, als habe es jemand mit Alle-Wetter-Taft in Form gesprayt. Vom Westwind in die immer selbe Richtung zur Flucht gezwungen, stehen diese tapferen Kreaturen am Rande des Darßer Waldes in der ersten Reihe am Darßer Weststrand oder als einsame Helden am Steilküstenrand.

Der Ausdruck »Windflüchter« soll (wie kann es anders sein?) von einem Maler erfunden worden sein, von Theodor Schultze-Jasmer. Im Eschenhaus in Prerow, Grüne Straße 8, hatte er gewohnt. Die Darßer kennen ihn. Kennen ihn alle. Als Maler, der 1921 aus Leipzig auf den Darß gezogen war. Und später die verloren gegangene Kunst der Darßer Türen wieder in ihre Häuser gebracht hat: Türen mit bunten Tulpensträußen, goldenen Sonnenovalen, Sonnenstrahlen, Rosetten, geschweiften Ecken, Ziersprossen im Zirkelornament, Rauten, Akanthusblatt, Pinienzapfen, Sechsstern. Die Initiative jedoch war von Prerows Bürgermeister Heinrich Bierbaum ausgegangen. Er plante 1931 ein neues Gemeindeamt mit Fachwerk, Rohrdach und einer Darßer Tür, wie sie die Prerower Kunsttischlerei Roloff, Lange Straße 30, damals bereits seit hundert Jahren herstellte. Dort gab der Bürgermeister seinen Wunsch in Auftrag. Und was wurde daraus? »Die erste Darßer Tür des zwanzigsten Jahrhunderts!«, lacht René Roloff. Mit seinem Bruder Dirk führt er, der auch Holzbildhauer ist, den Familienbetrieb in der sechsten Generation. Das Geschäft mit den Darßer Türen boomt. Für einen Kunden schnitzen sie gerade einen Tulpenstrauß. Tulpen galten um 1790, als der Türenschmuck aufkam, als Kostbarkeit. »Nach Zeichnungen fertigen wir zunächst Schablonen, sägen dann das Holz aus, leimen die einzelnen Stücke, bis die plastische Schnitzerei folgt.« Die Türen selbst sind aus massivem Holz. Zwanzig verschiedene Schnitzeisen brauchen die Roloffs dazu, »rasiermesserscharf, um akkurat arbeiten zu können«, Hohleisen,

Flacheisen, gekröpfte Eisen, gerade Eisen. Die meisten Werkzeuge hatten schon ihre Großväter, Urgroßväter, Ururgroßväter in der Hand. Auch die alten Hobelbänke und Furnierblöcke.

Durch Prerow gehen wir anschließend mit dem Türen-Ortsplan, den René Roloff, als er die Geschichte der Darßer Türen zusammentrug, für Gäste ausgearbeitet hat. Ist es die Lebensfreude, die die Türen versprühen? Zum Beispiel in der Waldstraße neben dem Darß-Museum die Tür der »Teeschale« (Blaubeerkuchen vom Blech probieren!)? Oder ist es ihr Leuchten in den Darßer Farben Sandweiß, Sonnengelb, Abendrot, Wasserblau, Schilfgrün? Und wenn man zum Darßer Ort wandert, an den nördlichsten Punkt zum Leuchtturm, wo das Land ins Meer hineinwächst, sind es dort die sanften Sommerwogen, die die letzten Himmelstiefen spiegeln? Oder ist es im ehemaligen Leuchtturmwärterhaus die über alle Stockwerke laufende Naturausstellung über den Darß (mit Ostseesandarten, Steinen, Muscheln, Donnerkeilen)? Oder von der Leuchtturmspitze aus das Eintauchen in einen einzigen Sommertraum?

Bäuchlings im heißen Sand horchen wir in uns hinein. Derweil freche Sommersprossen heranspazieren.

## *Mit Tanzen und Trompeten*

*Wenn die Kraniche ihre Boddenschlafplätze anfliegen*

Frei nach Wilhelm Busch: »Da lässt sich plötzlich flügelsausend // Ein Kranichheer, wohl an die tausend // Ganz dicht zu unseren Füßen nieder.« Was zuerst fotografieren? Die in die Wolkenschleier gestrichelten Trompetensänger, die wir nur mit zusammengekniffenen Augen erkennen, weil sie noch weit entfernt sind? Oder die neunundfünfzig nach oben gereckten Hälse (ein Riesenverein heute, aber was soll's) nebeneinander mit Feldstechern aufgereiht, die auf Kranichketten warten wie Anleger auf die Zinsentscheidung der Notenbank? Die Führungen sind immer ausgebucht, meistens schon Wochen im Voraus. Denn längst hat sich herumgesprochen: Zum Abendeinflug der Kraniche mit den Jungs vom Nationalpark Vorpommersche Boddenlandschaft – Spitze! Treff ist um halb sechs an der Darßer Arche in Wieck (hinter einem »Brandungstunnel« werden dort die »Lebensräume« Wasser, Steilküste, Düne, Schilf erklärt), von wo aus im Pkw-Konvoi auf einen Parkplatz am Bodden auf der Höhe der Vogelschutzinsel Kirr gefahren wird. Im Kofferraum verstaut Spektive, die das Nationalparkamt seinen Gästen zur Verfügung stellt. Kleine Gruppen teilen sich jeweils ein Gerät. Abwechselnd wird dann geschaut, das Teleauge scharf und schärfer eingestellt und nur noch gestaunt. »Da! Sehen Sie! Da kommen schon die ersten Ketten!«, begeistert sich Dirk Vegelahn, der eine unserer beiden Kranichspezialisten, »in ihren eleganten V-Formationen!« Die Vögel fliegen, Hals und Beine waagerecht gestreckt, vom Vordermann jeweils ein Stück versetzt, weil Auftrieb hinter ihren Flügeln entsteht. Ungeheure Energie sparen sie auf die Art. Und wenn der Anführer, in der Regel ein Altkranich, nicht mehr genügend Puste hat, schert er wie der Frontmann in einer Radmannschaft beim Sechs-Tage-Rennen aus, lässt die anderen vorbeifliegen und hängt sich hinten dran. Sechzig, siebzig Sachen zeigen die Kranichtachos an, mit Rückenwind spielend auch turbomäßige neunzig, hundert.

In der vorpommerschen Boddenlandschaft sind Kraniche treue Stammgäste. Seit Jahrhunderten rasten die Glücksbringer hier und wählen immer dieselbe Route: vom hohen Norden über Westeuropa durch die Straße von Gibraltar nach Marokko. Oder alternativ über das Baltikum via Ungarn nach Tunesien. Auf dem Darß (wie auch auf Rügen) machen unsere Überflieger gern Pause, weil ihnen die perfekte Infrastruktur gefällt: geschützte Flachwasserbereiche, eben die Bodden, Salzwiesen, Priele, Windwatts (auf die sich ihr Erzfeind, der Fuchs, niemals wagt), Seen, kleine Inseln und rundherum im Nationalpark abgeerntete Maisfelder zum Bauch voll hauen, derweil die eigensinnigen Gesellen ihr Tanzbein schwingen, vor Freude in die Lüfte springen und singen. »Die nächste Kette«, ruft Dirk Vegelahn, »beobachten Sie mal genau, wie die Kraniche ihre Landeklappen ausfahren und langsam auf Landeanflug runter gehen, echte Jumbojets!« – »Sind ja auch nicht umsonst das Wappensymbol der Lufthansa!«, meint ein junger Mann. – »Wahnsinn! Einfach nur Wahnsinn!«, verliert sich eine Frau, die aus Flensburg zum Abendeinflug der Kraniche auf den Darß gereist kam. Hey, psst, nicht so laut, die Vögel erschrecken sich sonst. Ausgestattet mit sensibelsten Sinnesorganen nehmen die scheuen Schönheiten jede mögliche Bedrohung in ihrer Umgebung wahr. Darum auch schlafen sie dicht an dicht gedrängt im Stehen, vorzugsweise in seichten Wassern, wo sie nahende Feinde sofort hören.

Auf der Vogelschutzinsel Kirr sieht die Lage entspannter aus. Dort haben sich die schiefergrau gefiederten Tiere mit dem rötlich, sandfarbenen Kopf Schlafplätze ausgesucht, weil sie wissen, dass sie auf den baumlosen Wiesen und Weiden niemand attackiert. Die Rinder machen den Kranichen nichts aus. Ebenso ist es umgekehrt. Die Gänse, Graureiher, Schwäne stammen aus einem ähnlichen Club. Und dass wir sie auf dem Deich gegenüber nichts als anbeten und verehren, daran haben sich die klugen Tiere gewöhnt. Seeadler aber hätten doch ein leichtes Spiel? Im Gegenteil, sagt Ralf Schmidt, unser zweiter Kranichspezialist, und holt weiter aus. Der zwanzig Zentimeter lange, spitze Kranichschnabel wirke tödlich wie ein Dolch. Ein einziger Stoß genügt, und der Seeadler wäre hin. Der Adler weiß das und hält sich von Kranichpulks fern. Könnte höchstens passieren, dass sich ein erfahrener Adler einen Jungkranich greift, wenn seine Kranichfamilie nicht ordentlich aufpasst. Mehrere unglückliche Umstände müssten da aber aufeinander prallen. Schließlich sind Kraniche für ihren edlen Charakter berühmt. Ausgeprägte soziale Fähigkeiten werden ihnen zudem nachgesagt, wobei eheliche Treue, Arbeitsteilung in Erziehung und Haushalt und dass sich Jung und Alt gut vertragen im Ranking ganz oben stehen. Kann sich unsereins diverse Scheiben von abschneiden. Je schummriger es über dem Bodden wird, desto größer die Kranichheere und lauter ihr Trompetenschall: »Hallo, Freunde, wo seid ihr?« Und ihre Freunde jubilieren zurück: »Hier! Hier! Wir warten schon auf euch, hier ist es schön!« Die Spektive wandern von Auge zu Auge, wir versuchen, die Kraniche zu zählen … einundzwanzig … siebenunddreißig … neunundvierzig … dreiundfünfzig …« Ah, die Schweden, live für Sie! Die lassen ihre Beine hängen, sobald sie die Insel Kirr sehen, und sagen sich, »Schluss für heute, wir sind müde!«

Mit ungefähr achthundert Kranichen rechnen unsere beiden Abendeinflug-Führer heute. Die Kranich-Saison hat gerade erst begonnen. Zur Rushhour in den kommenden Abenden nimmt der Flugverkehr rasant zu. Nirgendwo auf dem europäischen Kontinent versammeln sich so viele Kraniche wie hier. Bis zu achtzigtausend werden jeden Herbst gezählt. Bei guter Sicht fliegen sie sehr hoch, orientiert an den Landkarten, die ihr Gehirn eingespeichert hat. Jeder Fluss, jede Kirche, jede Autobahn ist eingetragen. Im Fluggepäck stecken Kompass und Radar. Zehntausend Kilometer legen die mythenumrankten Stars Jahr für Jahr auf ihren Weltreisen zurück.

Der Himmel hängt voller Trompetenklang. Auf dem Nachhauseweg über uns ein verspäteter Trupp. Kraniche mit piepsenden Jungvögeln. »Und allsogleich im Winkelflug // Entschwebt der ganze Zug.« Wir freuen uns auf das Glück.

## *Herbstzeitlos auf Rügen*

*Ein Reisetagebuch*

11. Oktober. Ganz oben in unserem Rügenbücherrucksack, und der wiegt schwer, Elizabeth von Arnims Rügenroman. »Durstig« habe sie allein schon die Karte vorn im Reiseführer gemacht. Das Land darauf von »so üppigem Grün«, das Meer ringsum »so schmeichelnd blau«. Und dann die Küstenwindungen, Küstenkurven und Kluften. Aus der Vogelperspektive ein riesiger Klecks auf den schäumenden Ostseewellen mit ungezählten Buchten, Bodden, Busen. Inseln und Inselchen davor. Wir packen Praktisches zum Wandern und Radfahren ein. Sachen für alle Wetter. Glauben indes, sind uns vielmehr sicher, dass während unserer einwöchigen Rundreise auf Rügen die Sonne scheint. Denn die Sonne scheint im Osten häufiger als im Westen. In dieser Hinsicht werden die Menschen dort verwöhnt. In anderer Hinsicht wiederum nicht. Morgen, in aller Herrgottsfrühe, fahren wir los. Von Wiesbaden bis nach Stralsund ungefähr siebenhundertfünfzig Kilometer. Noch einmal jene Sätze mit in die Nacht hineinnehmen, die Elizabeth von Arnim bei der Vorbereitung auf ihre Rügenreise damals in einem englischen Reiseführer unterstrichen hat. Jene Sätze vom »holden Zauber«, der dem

Namen Rügen innewohnt, von »Gestalten aus uralter Zeit«, die in »verwunschener Landschaft« schattenhaft schimmern, vom »Traum ferner himmlischer Feenreiche«, der bei jedem Gedanken an diese »sagenumwobene Insel« vor den Augen emporsteigt ...

12. Oktober. Die A 20 hinter Lübeck berauschend frei. Ein Dorado für Porsche-Liebhaber. NVP und OVP, Nord-Vorpommern und Ost-Vorpommern, in eingeweihten Kreisen »Nord-Vorpolen« und »Ost-Vorpolen« genannt, auf vielen Nummernschildern. Oder auch NWM, Nordwest-Mecklenburg, »Nur-Wenig-Menschen«. Die demografische Zukunft sieht hier oben in der Tat nicht sonderlich rosig aus. Ganze Jahrgänge machen sich aus dem Staub. Kontinuierliche Zuwachsraten verzeichnet allerdings der Tourismus. Auf der Beliebtheitsskala innerdeutscher Urlaubsparadiese verlor Bayern an Mecklenburg-Vorpommern seinen angestammten ersten Platz (diese Damischen, Saubazi diese!). Die Wolkendecke reißt auf. In Heiligendamm, der »weißen Stadt am Meer«, wollten wir ursprünglich einen Zwischenstopp einlegen. Doch die Lust war uns bereits vergangen, als US-Präsident Georg W. Bush dort wenige Wochen zuvor im Rahmen der berühmten Grillparty genächtigt hat, für die Freundin Angela inklusive sonstiger Betreuung des reizenden Gastes flotte fünfzehn Millionen Euro abgedrückt hat. Die Kunde geht zudem, dass sich die Betreiber des vornehmen Hotels beim Stadtrat Bad Doberan darum bemühen,

prollig anmutenden Touristen den Zutritt zum Luxusgelände zu verwehren, womit bewiesen wäre, Herr Müntefering, dass sie doch existiert, die Unterschicht. Igitt! »G-8-Straßen« heißen nun bei den Einheimischen die zahlreichen Umleitungen nach Heiligendamm, das in Vorbereitung des Gipfeltreffens unserer Weltverbesserer weiträumig abgesperrt wird. Wer hätte gedacht, dass der Stacheldraht so schnell wiederkommt. Bist du Deutschland?

Weiter Richtung Rügendamm. Der Stahlbetonkoloss stammt aus der Nazizeit. Wurde »an einem böigen, rauen Herbsttag des Jahres 1936«, so eine Chronik, eingeweiht. Vorher dampfte man per Fähre oder Boot vom pommerschen Festland über den Strelasund. Hübsch beschrieben von Elizabeth von Arnim. Bis zu dreißigtausend Fahrzeuge täglich drängeln sich heute auf der Wasserüberquerung. Im Kampf gegen Stau und stockenden Verkehr, gegen den man in der Hochsaison schon mal Betablocker empfehlen kann, wird seit 2004 an einer neuen »Ausweichspur«, der Rügenbrücke, gebaut. Gegen Mittag sind wir in Stralsund angekommen. Alles bestens ausgeschildert zum Rügendamm (was man von anderen Straßenführungen, zum Beispiel um Greifswald und Wolgast herum, nicht behaupten kann). Atemberaubend dann, den filigran wirkenden Pylon linkerhand durch die Windschutzscheibe anzuschauen! Kein bisschen klobig sieht die gewaltige Konstruktion aus, was daran liegen mag, dass die acht Seilpaare von der Pylonspitze zur

»Fahrbahntafel« harfenförmig abgespannt sind. Zugleich erinnert das neue Wahrzeichen der Hansestadt an einen Schiffsmast. Ende 2007 soll die Rügenbrücke, Deutschlands längste Hochbrücke, fertig sein.

Nach einer knappen Viertelstunde auf der Höhe von Altefähr, dem ersten kleinen Ort auf Rügen. Ein paar Boote schaukeln selbstvergessen am Anleger. Früher herrschte hier, wie der Name verrät, reger Fährbetrieb. Aber das ist lange her. An der Abzweigung, die über Garz nach Putbus führt: Tempo runter und ganz behutsam, wachen Sinnes durch den Blättertunnel der Krimlinden-Allee. Welch ein Bild! Unter den blickdichten, dicken dunkelgrünen Baumarmen, die sich schützend über die Straße beugen, fühlen wir uns herzlich willkommen. Und haben den Eindruck, dass sich die Alleenkultur, von der wir schon im Klützer Winkel oft wie benommen waren, hier noch ehrwürdiger, noch hoheitsvoller zeigt. Ernst Moritz Arndt wurde in dieser Gegend, die er später verließ, zum Patrioten (»O Land der dunklen Haine // O Glanz der blauen See! // Du Eiland, das ich meine, // Wie thut's nach Dir mir weh!«). Auf dem Gut von Groß Schoritz, seit 1767 im Besitz der Fürsten zu Putbus, wuchs er auf. Sein Vater, Ludwig Arndt, arbeitete dort als Verwalter. Seine Mutter, Friederike Wilhelmine Arndt, geborene Schumacher, hatte zehn Kinder zur Welt gebracht, 1769 den begabten Ernst Moritz, der alsbald mit seinem Versuch einer Geschichte der Leibeigenschaft in Pommern und Rügen mächtig

Staub aufgewirbelt hat. Davon wird uns noch unsere Gutsherrin Amrei Schiemer-Krüger in Krimvitz erzählen. Vor einigen Jahren erwarb die mit einem Stettiner verheiratete Hamburgerin das Geburtshaus von Franz zu Putbus, dem Enkel von Fürst Wilhelm Malte, Planer und Projektleiter von Putbus – der klassizistischen Kunststadt. Halt! Rechts ab! In ährengoldenen Lettern steht am Alleenrand auf einem weißen Schild (das man suchen muss, will man es nicht verfehlen): Pension Gutshaus Krimvitz. Die rumpelige Strecke erscheint uns wie eine Ewigkeit. Aber Hänsel und Gretel verfahren sich nicht im Wald.

13. Oktober. Tee in Porzellan-Rosengeschirr. Knusprige, zarte Kekse (Krimvitzer Hausrezept) in einer Glasetagere. Verspielte Spiegel an den herrschaftlich hohen weißen Wänden. Ein weißer Holzschubladenschrank (könnte aus einer alten Apotheke stammen). Weiße Kerzen in Glastraubenleuchtern. Die Tische lang und schmal aus hellem Holz. Der Boden mit glänzenden, weißen Fliesen ausgelegt. In der Ecke ein weißer Flügel. Die Akustik wird vortrefflich sein. Die Krimvitzer Frühstücksfee mit bodenlanger weißer Schürze bringt uns ofenwarme Brötchen und frisches Brot aus der Gutsküche im Souterrain. Die Fee heißt Frau Schult, ist Rüganerin, herzlich, schlagfertig, amüsant, begrüßt jeden Gast mit Namen, erkundigt sich nach seinem Wohlbefinden, ob er gut geschlafen habe, ob er ein Rührei wünsche und so weiter und so fort. Und sie meint das alles auch so. Im Gästebuch lesen wir: »In Krimvitz – alles

im Lot.« – »Echtheit, Ruhe … Originalität, Ehrlichkeit. Hier ist man gut aufgehoben!« – »Der Landhausstil – stille Dominanz im ganzen Haus. Für uns zwei Wiener ein außergewöhnlicher Augenschmaus!«

Gegen elf Uhr startklar zur Halbinsel Mönchgut, über die auch schon Elizabeth von Arnim mit der Kutsche gejuckelt ist, begleitet von ihrer schrulligen, englischen Freundin Gertrud, die – »oh dear!« – stets ihre Hutschachtel wie Kronjuwelen umklammert hielt, wann immer sie bei der kleinsten Unregelmäßigkeit im Hufegetrappel aus der Fassung fiel. 1901 hatten die beiden Ladys ihre Rügenreise angetreten. Hundert Jahre vor ihnen, 1801, war Caspar David Friedrich zu seinem ersten Studienaufenthalt auf die Insel gereist.

Tor zum Mönchgut ist die Baaber Heide. »Baabe« bedeutet »die Einsame«, recherchierte Elizabeth von Arnim. Begehrte Bodenschätze in der Heide sind Pilze, köstlich zu Pellkartoffeln oder zu Schmorgurken (wer's mag) oder solo zu Brot, zum Beispiel Butterpilze, mit einer Zwiebel gedünstet, mit Pfeffer und Salz und einer Prise Kümmel gewürzt – ein Gedicht! Die wenigsten Camper wissen (und Camper vor allem urlauben auf der Strandseite der Baaber Heide – wie überhaupt auf Rügen enorm viele), dass sich auf den einstigen Dünen unter den Kiefern früher üppige Naturwälder ausdehnten. Sie wurden abgerodet. Im Mittelalter. Als das Mönchgut zum Besitz der Zisterzienser von Kloster Eldena am Greifswalder Bodden gehört hat. Der heutige Kiefernwald mit seinen Blaubeeren, Wacholdersäulen und Adlerfarnen im Unterholz steht hier seit nunmehr rund hundertfünfzig Jahren. Vor einer Weile wurde er als Teil der Halbinsel Mönchgut zum Biosphärenreservat Südost-Rügen erklärt. Nicht zu verwechseln mit Nationalpark. Auch nicht mit Naturschutzgebiet. Biosphärenreservate sind laut UNESCO »terrestrische und Küsten- sowie Meeresökosysteme, die … (Moment, umblättern) … international … nach Maßgabe … für das Weltnetz …«, kurzum: zu schützende, vom Menschen geschaffene Kulturlandschaften unter der Überschrift, Versöhnung zwischen Homo sapiens und Natur. 1986, als wir das letzte Mal auf dem Mönchgut waren und auf einer verlassenen Anhöhe (dem Bakenberg?) im Gras lagen und Zeit und Stunde vergaßen, wurde noch kein Halm, kein Baum, kein Strauch umweltmäßig kategorisiert. Gut, dass es jetzt so ist. Das Mönchgut wäre sonst womöglich längst ein »ganzjähriger Erlebnisraum«, wie Tourismusstrategen, die den Hals nicht voll kriegen können, ihre Verhunzungen glorifizieren.

Großartiges haben wir zwischen Nordperd und Südperd vor: Bauwerke des Meeres bestaunen als da sind Sandbänke, Strandwälle, Sandhaken, Nehrungen. Vor fünftausend Jahren noch sah es hier völlig anders aus, gab es mehrere kleine Inseln, an deren Steilufern die Ostseekräfte emsig werkelten, indem sie zentnerweise Sand und Geröll abtrugen, auf ihre schäumenden Schuppen verluden und an anderer Stelle wieder ausschütteten. Die schwersten Fuhren landeten zu allererst in den Meeresarmen zwischen den Inseln, wodurch sich Sandbänke bildeten. Immer neue Fuhren häuften diese schließlich zu Strandwällen auf, oft so hoch, dass ihre Kragen aus dem Wasser ragten. Als Sandhaken stachen sie dann in See. Und sofern sie da draußen einem anderen Sandhaken begegneten, verbrüderten sie sich mit ihm und gründeten eine gemeinsame AG mit dem Logo »Nehrung«. Gemeinsam waren sie stark. Überredeten mit Erfolg andere Nehrungen zum Zusammenschluss. So gingen die kleinen Inseln allmählich in der großen Halbinsel Mönchgut auf. Das war vor ungefähr dreitausend Jahren. Erst (!) seitdem, entnehmen wir einer Mönchgut-Monografie, kann man das Naturwunder von Nord nach Süd durchqueren, ohne nasse Füße zu kriegen.

Nachsinnen über die Schöpfung auf einem Steg im Boddenschilf. Wie die Zeit gibt. Wie die Zeit nimmt. Wie wir uns in der Welt situieren. Wie die Impressionen um uns herum, die Düfte, die Laute, in unsere Glieder strömen. Schöne Grüße aus Groß Zicker auf Groß Zicker! Fachwerkhäuser ducken sich hier mit tief über die Ohren gezogenen Reetdächern hinter hohen Hecken, umwachsen von Malven in pastellener Farbenpracht. Im Pfarrwitwenhaus (Achtung, beim Eintreten in das Wohnstubenmuseum Kopf einziehen!) hatte uns die Frau an der Kasse gefragt, ob wir schon mal die »pommersche Nachtigall« gehört hätten? Zwischen Wildbirne und Weißdorn, Himmelschlüssel und Vogelkirsche würde sie, »in Wirklichkeit ein Sprosser, aber mit der Nachtigall eng verwandt«, ihre Koloraturen singen und ohne jeden Applaus eine Zugabe nach der anderen geben.

14. Oktober. Jagdschloss Granitz. Schwer was los. Zwei trauen sich. Platten mit Häppchen werden im Eilschritt in die Halle gebracht. Sektgläser auf Silbertabletts. Blitzlichtgewitter ziehen über strahlende Gesichter. Kleine Jungs erwartungsvoll im Smoking, kleine Mädchen in Samt. Es ist ein besonderer Tag. Auch für uns, die wir zu Fuß durch das Jagdrevier Fürst Wilhelm Maltes (Rügens größtem Großgrundbesitzer seinerzeit) gewandert sind, über knorrige Baumwurzeln, durch Schneisen, dem Puls des Waldbodens lauschend. Wir sind verabredet mit den Romantikern, die momentan im Schloss zu Gast sind, und von denen wir bereits einige, darunter Kleist, aus dem Rheingau kennen. Bei einem Riesling, Jahrgang 1811, Goethe nannte ihn den »Eilfer«, saßen sie regelmäßig im Landsitz der Brentanos zusammen, dem Antonia Brentano, geborene Edle von Birckenstock aus Wien, literarischen Saloncharakter gab. Tieck und Schlegel gingen ein und aus, die Märchenbrüder Grimm, Jean Paul, Sulpiz Boisserée, Goethe selbstverständlich (obschon der romantischen Sinnsuche eher abhold), die Günderrode, Bettine und Bruder Clemens sowie Wunderhorn-Kollege Achim von Arnim und Ernst Moritz Arndt, der »nach Fluchten und nach Zügen // weit über Land und Meer« 1817 einem

Ruf an die Universität Bonn gefolgt war. Die Sehnsuchtslandschaft um die Loreley riss sie alle zu emphatischem Überschwang hin. Rügen bot sich noch dramatischer dar, noch urwüchsiger, abgründiger – die stille Wildnis der Kreidefelsen insonderheit, die kein anderer als Caspar David Friedrich zum Deckblatt der deutschen Seele ausgestaltet hat.

Wir lösen eine Kombikarte für die Romantiker-Ausstellung / Schlossbesichtigung / Turmbesteigung. Und fügen uns dem Schicksal eines schwülen Gedränges, das schon im Séparée vor Caspar David Friedrich, Carl Gustav Carus, Johann Jacob Grümbke, Philipp Otto Runge beginnt, und am Ende der Warteschlange vor der gusseisernen Wendeltreppe zum Schinkelturm hoch massentouristische Formen annimmt. Per Funk werden die Besucherströme die einhundertvierundfünfzig Stufen rauf und runter dirigiert. Pro Durchmarsch ist eine bestimmte Besucheranzahl festgelegt. Jagdtrophäen gucken dem Spektakel zu. Könnten sie den Kopf schütteln, würden sie es tun. Nicht leicht, sich in solcher Atmosphäre zu sammeln und in die Zeilen der Romantiker hineinzufühlen, in die eines Schleiermacher etwa an seinen verehrten Rügener Damenclub um Charlotte von Kathen, Henriette Herz und Henriette von Willich: »Ihr geliebten Seelen alle auf der schönen Insel, wie habt Ihr mir das Herz gefüllt!« Unseren Freunden und Kollegen im Rhein-Main-Gebiet, wo es viele Italienfans gibt, für die die Inselwelt hier oben in der östlichen Ostsee ein

Buch mit sieben Siegeln ist, bringen wir den Ausspruch von Friedrich Preller d. Ä. (ab 1834 Leiter der Weimarer Zeichenschule) mit, dass er »in Zukunft« nur noch auf Rügen, auf Hiddensee und auf dem Vilm, der Urwaldinsel unweit der Greifswalder Oje, malen werde, denn »reicher« habe er »nie ein Land gesehen, selbst Italien nicht«.

Zurück in Krimvitz. Zum Abendmenü. Weiße Stoffservietten in goldenen Serviettenringen. Nicht jedoch wie gewöhnlich aus steif gemangelten, zusammengefalteten Quadraten hineingerollt, sondern locker gerafft, als sei der Ring (und natürlich ist er nicht aus echtem Gold!) ein Gürtel um ein anschmiegsames Kleid. Hausmädchen Anna, die schöne Polin, wie die Krimvitzer Frühstücksfee in bodenlanger weißer Schürze, zündet die Kerzen auf dem Tisch an und kredenzt einen edlen französischen Tropfen zur Birnenselleriecremesuppe, unserem ersten Gang. Dazu auf einem Extrateller mit Olivenöl bestrichene, hauchdünne angeröstete Ciabattascheiben. »Darf es noch ein Glas Wein sein?« Bitte, ja! Bitte, gern! Anna umsorgt ihre Herbstgäste mit entschlossenem Charme und Umsichtigkeit. Unser zweiter Gang, Ostseedorsch mit Kartoffelkruste und Senfsoße auf Sahnekohl. Bar jeder pommerschen Deftigkeit. Dank Köchin Amrei Schiemer-Krüger. Hausgemachtes Karameleis mit frischen Früchten hat sie als dritten und letzten Gang zum heutigen Menü ausgesucht. »Schließe dein leibliches Auge, damit du mit dem geistigen Auge zuerst siehest dein Bild.« Doch diese Mahnung des großen Mystikers Caspar David Friedrich will hier einfach nicht funktionieren.

15. Oktober. Prora. Nichts für schwache Nerven. Eine absolut unverdauliche Kost. Jedenfalls für uns. Da hilft es auch wenig, sich krampfhaft zu bemühen, den »Koloss von Rügen« als spätes Exempel des Neuen Bauens aus der Zeit der Weimarer Republik zu verstehen, wie Kenner der Materie darlegen. Viereinhalb Kilometer misst das braune Ungeheuer, in das die Nazis zwanzigtausend Volksgenossen auf einen Schlag verschicken wollten. »Reinrassig« – was sonst? Zwei Millionen pro Saison. »Kraft durch Freude« (KdF) hatten die NS-Werbetexter das geplante Massenvergnügen genannt. In weiten Teilen der Zielgruppe landete der Slogan punktgenau und entfaltete eine phänomenale Dauerwirkung bis in die Ära unserer schönen bunten Flimmerkisten hinein. Erinnern Sie sich? Als der TV-Sender *Sat.1* spitz gekriegt hat, dass seine Erkennungsmelodie »powered by emotion« von unbedarften oder wie auch immer gestrickten Zuschauern als aufgepeppte KdF-Version missverstanden worden war, kippte der Sender den Spruch und »zeigt's« seitdem allen.

»Miami Disco« klebt am Eingang von Prora im Flaggenformat an einer Wand. Ob dort noch gekifft und gerockt wird, weiß keiner so genau. Die Eigentumsverhältnisse der MACHTUrlaub-Anlage werfen ständig neue Rätsel auf. Ein Käufer für das ganze Ding fand sich bislang nicht, zumal Prora 1994 unter Denkmalschutz gestellt worden ist. Warum? Nach dem »Reichsparteitagsgelände« in Nürnberg verkörpert es die größte nationalsozialistische Hinterlassenschaft. Wie schön! Und dann noch gelegen an der Prorer Wiek, der prächtigsten Bucht von Rügen. Ein Doppelkorn wäre jetzt nicht schlecht.

Wem danach ist, sich in die geschichtlichen Details der Geisterstadt zu vertiefen, dem sei das exzellente Dokumentationszentrum Prora der Stiftung Neue Kultur, gleich vorne in der Objektstraße 1, ans Herz gelegt. Klotz hieß der Architekt, erfährt man dort, Clemens Klotz, der die sechsgeschossigen Blöcke entworfen hat und 1936 das Kommando zur Grundsteinlegung übernahm. Die angedachte Freude, welche Kraft schaffen sollte, Kraft für Hitlers Ostfeldzüge, kam nie auf, illustriert die Dauerausstellung MACHTUrlaub. Prora blieb Baustelle. Unvollendeter Größenwahn. Kein Volksgenosse tauchte dort jemals in Badehose auf. Nach der Kapitulation juckte es die Sowjets, Prora zu sprengen. Klappte aber leider nicht so richtig. Die Nationale Volksarmee (NVA) schlug dann in etlichen Zimmern, je fünf Meter lang und zwei Komma fünf Meter breit, ihre Lager auf. Die Offiziere erhielten in einem eigenen Block ein »Walter Ulbricht«-Erholungsheim. 1990 zog die Bundeswehr vorübergehend in Prora ein. Anschließend das Bundesvermögensamt. Weltweit bot es die Immobilie zur Veräußerung an. Echo gleich Null.

Inzwischen haben sich Investoren in Teile der Verwahrlosung eingekauft. Ihre Vorhaben (Jugendsporthotels, Seniorendomizile, Ferienapartments) ernten nicht überall Beifall. »Beim Wiedersehen in ein paar Jahren«, hatte Manfred Sack 1994 gesagt, »möchten wir weder ein Disney-Rügen noch gläserne Superkommerzpaläste betreten, sondern zum Beispiel Prora wiedererkennen« – womit der Architekturkritiker jene Landschaft mit dem eigentümlichen Namen gemeint hat: den bewaldeten Höhenzug auf der Schmalen Heide zwischen dem Kleinen Jasmunder Bodden und der Prorer Wiek.

Auf den Betonplatten entlang der klotzigen Blöcke laufen wir an eingeschlagenen Fensterscheiben vorbei, an einer Softeis-Bude, einem Thüringer Rostbratwurststand, an einem »Anatolischen Grill«.

16. Oktober. Durch die Stubnitz an die Kreideküste. Unter rotgoldenen Buchenhallen. Auf abschüssigen Waldholztreppen Hunderte von Stufen hinab und in umgekehrter Richtung auf dem Rückweg wieder hinauf. »Es gibt wenig Wege auf der Welt«, schrieb Elizabeth von Arnim, »die von Anfang bis Ende so vollkommen schön sind.« Wäre jetzt Sommer, hätten wir uns rechtzeitig aus den Federn gemacht, um dabei zu sein, wenn die Sonne ihren glühenden Fächer am Horizont aufklappt und Nixen für kurze Momente Szenen alter pommerscher Sagen auf der Meeresbühne spielen. Bevor die Biker, Walker, Reisegruppen und Familien mit Kind und Kegel die Stubnitz überfüllen, hätten wir in dem kalkhaltigen Untergrund nach dem violetten Purpurkna-

benkraut gesucht, nach den kleinen Büscheln mit dem majestätischen Frauenschuh, nach dem Großen Zweiblatt, der Orchidee des Jahres 1992. Aber wir haben Herbst. Fast nichts blüht mehr. Bald holen die Wildschweine, die es hier neben Damwild, Fuchs und Hase, Dachs und Igel gibt, ihren Schwarzkittel aus dem Schrank. Rastend auf einer Bank glauben wir durch dasselbe Objektiv zu schauen wie der Rüganer Fotograf Karsten Bartel: In leichtfüßiger Choreografie stehen die schlanken Buchenbeine aus seiner Bildergalerie direkt vor uns, von der Sonne umstrahlt, Schatten werfend, die Geheimnisse des Lebens in sich tragend, verletzlich, unnahbar. Und aus der Ferne meinen wir ganz leise jene »schöne Sinfonie« zu hören, die an den Wissower Klinken »hängengeblieben« ist, so hatte es Johannes Brahms 1876 in einer Mitteilung an seinen Verleger ausgedrückt, nachdem er sich mehrere Monate in Sassnitz eine Auszeit genommen hatte, wo er dem Finale seines sinfonischen Debüts den letzten Schliff gab. Das fertige Notenpaket schickte Brahms an Clara Schumann, die 1855 selbst auch auf Rügen gewesen war, zu einer Konzerttournee.

Indes: Die Wissower Klinken (Klinken = Klippen) sind nicht mehr da. Jedenfalls nicht mehr in ihrer Form, wie sie auch Fontane und Barlach, Gottfried Benn, Günter Grass, Uwe Johnson und noch lange nicht zuletzt Johannes Bobrowski in ihren Bann gezogen hat. Rügen trug Schwarz, als jenes Unheil am 24. Februar 2005 geschah: Die zwanzig Meter hohen, einander zugeneigten

Zwillingszinken am Hochuferweg der Kreideküste krachten unter gewaltigem Druck eiszeitlicher Schichten und durch gefrorenes Niederschlagswasser ab. Fünfzigtausend Kubikmeter Kreide waren das, noch einmal dieselbe Masse an Geröll und Mergel rutschte nach. Mit allerlei Gerät rückten in Windeseile Katastrophensüchtige an, um aus dem Untergang fossile Souvenirs zu ergattern.

Wir stehen am Ufer des Unglücksortes und haben die Wissower Klinken noch zu ihren Lebzeiten kennen gelernt. Damals, 1986, als wir mit unseren Strandkorbnachbarn in Binz über Turnschuhe in der Politik diskutierten, wählten wir die umgekehrte Route, nämlich vom Königstuhl in der Stubbenkammer hierher. Ein ganzes Kreidebilder-Album hatten wir an jenem glücklichen Augusttag zusammengeknipst: monumentale, tafelglatte weiße Flächen mit eingesprengten Feuersteinen, Felspyramidenspitzen, Kreidesplittern, Kreidezacken, Kreidezähnen und Felsspalten mit Überwürfen aus wilden bunten Blumen, Obstbäumen, Haselgebüsch, am Fuß der steilen Kreidefelswände Granitblöcke und Bilder vom Uferwald, der sich in die rund gewaschenen, graublauen Steine des Kreidesandstrandes krallt. Von den Klinken steht nun nur noch ein Torso. Für Neulinge natürliche Exempel plastischer Kunst. Und was Caspar David Friedrichs »Kreidefelsen auf Rügen« anbelangt, sind unter-schiedliche Meinungen im Umlauf. Während manch einer die Wissower Klinken als Vorbild für sein berühmtes Gemälde 1818 wähnt, hält der nächste entgegen, dass diese erheblich jüngeren Datums wären und der Greifswalder Mystiker auf Rügen ohnehin nie mit Farbkasten und Staffelei aufgekreuzt sei, sondern nur mit Skizzenblocks für seine Arbeit im Atelier.

17. Oktober. Nach Kap Arkona. Über die Schaabe (wieder einer dieser Namen auf der Insel, genauso wie Prora, genauso wie Sagard, die wir uns für spätere Nachforschungen in ein gesondertes Büchlein notieren). Die Schaabe ist eine Nehrung aus verklungenen Zeiten des Holozän, zwölf Kilometer lang, an der schmalsten Stelle fünfhundert Meter breit, an der weitesten um das Vierfache ausgedehnt. Im Süden dieses Dünenstreifens der Badeort Glowe, im Norden das Ostseebad Juliusruh, dazwischen paradiesische Strände zum Baden oben und unten ohne. Die Gästezeitung *Wellenbrusen* (Wellenbrausen) unterhält uns damit, dass hier noch heute mitunter Flaschenpost angeschwemmt wird und man mit dem Rügener Ostseesand wegen seiner extrem feinen Struktur Sanduhren füllte, besonders das klassische Dreißig-Minuten-Maß der Seeleute, das Zeitglas.

»Blau aller Lüfte, Bläue, ertönend – Licht«, dichtete der Lyriker Johannes Bobrowski über die Rügensche Küste. Sein »Windgesträuch« steckt auch in unserem Bücherrucksack. Dazu allerlei über die Nordspitze der Insel, »die Feste Arkona«, wie sie um 1200 der dänische Geschichtsschreiber Saxo Grammaticus bezeichnet hat. Seine sechzehn in Latein verfassten Bände (digitalisiert auf der Homepage der dänischen Königlichen Bibliothek!) schleppen wir natürlich nicht mit. Lieblingszitate aber über den »erhabenen Gipfel eines Vorgebirges« haben wir uns eingeprägt. Und sofort sind diese präsent, als wir vor den beiden Meeresleuchten stehen: dem backsteinernen vergleichsweise kleinen eckigen Schinkelturm und dem hohen runden, noch vor kurzem schwarzrot geringelten Leuchtturm daneben von 1905. Denn die Aussicht von hier hinüber nach Hiddensee und zur dänischen Kreideinsel Møn ist fürwahr überwältigend und nur zu toppen vom Schiffsblick auf das Kap. Unter den zahllosen Stichen und Lithografien in alten Rügenbüchern ragt nach unserem Geschmack das Arkonaporträt heraus, das der Rügenbiograf Johann Jakob Grümbke 1805 gezeichnet hat. Seine filigranen Kreidefalten und Kreiderippen auf den babylonisch hohen steilen Felsplatten, Felsplateaus und einem höhlenartigen Schlund, im Vordergrund zwei einsame Boote zum Trocknen hochkant am Ufer aufgestellt, die Ostsee blank, und regungslos – einfach grandios.

18. Oktober. Unser letzter Tag. Unser letzter Abend. Unser letztes Zusammensitzen mit allen Gutshausgästen in Krimvitz zum Menü am langen Tisch. Das schöne Ritual haben sich Amrei und Erwin Schiemer-Krüger ausgedacht. Wann immer es passt, findet es statt. Von A bis Z wird bis Mitternacht über die größte Insel in unseren deutschen Landen geschwärmt, geschimpft, ge-

lacht. Jeder hat was beizusteuern, anzumerken, zu Bedenken zu geben, wärmstens zu empfehlen oder »bloß nicht!« in den Kreis zu werfen. Und so geht es dann bunt durcheinander über Busladungen im total vermarkteten Dörfchen Vitt (Uferprediger Johann Gottfried Kosegarten würde sich, wenn er davon erführe, im Grabe umdrehen), über Rügens Spitzenkoch Peter Knobloch (Probieren Sie sein Bärlauchsalz!), über Perlen der Bäderarchitektur in den Seebädern Binz und Sellin, über das *Rookhus* (Rauchhaus) in Göhren, über Geldhaie aus dem Westen, über das wiederauferstandene Theater in Putbus, dem Wirklichkeit gewordenen Italientraum. Und über den Dauerbrenner Abzocke bei Parkplatzgebühren. Dass Fürst Wilhelm Malte zu Putbus im Winter ins Gutshaus Krimvitz zog, weil sein Schloss im Park mangels ausreichender Heizung saukalt war, bringen unsere beiden Gastgeber am Ende ein. Und wünschen uns glücklich und zufrieden eine angenehme Nacht.

Wie hatte doch Elizabeth von Arnim gesagt? Falten in der Seele glätten – ja, dazu sei Rügen ideal.

## *Verführerisch verwildert*

*Venusbäume auf der Insel Vilm*

Schon allein die Ortsbeschreibung. Und der Name. – Vilm. – Was heißt Vilm? – (Weckte immer unsere Neugier. Aber man konnte nicht hin. Jahrelang nicht.) – Und die geheimen Botschaften an namenlose Schöne, die dort auf Moosen und Blättern gebettet liegen, nackt, ihre Körper bloß mit feuchtkühlem Blütenhauch bedeckt, Begehrlichkeiten weckend. Die Botschaften erreichten sie nie. Oder doch? Darin wird geschwelgt in schattenwuchernden, lasziven Zwischenreichen. Lüsten, sich fallen zu lassen, einzulassen. Versprechen, zu warten. Zu warten! (Bruchstücke lyrischer Huldigungen, über die Jahre gesammelt und in einem Kästchen verwahrt.) Und dann die Fotos von ihnen. Die Fotos des Volkmar Herre, der, zunächst auf Rügen, nun lange schon in Stralsund wohnend, die Insel zu seinem Atelier auserkoren hat, wie er sagt, »mein ›Atelier‹ Vilm«. – Dies alles. Aber, ach, auch die Eiche von Carl Gustav Carus! Diese uralte Eiche, die er inmitten der Insel traf, fast ganz abgestorben, die ungeheuren Äste abgewettert und glänzend grau in die blaue Luft streckend, und die statt der eigenen Blätterfülle nun einen gewaltigen Efeu besaß, sich in sie hineinrankend und die beinahe Verdorrte mit Behängen neuen Lebens umgab. So schrieb der Arzt und Maler seinerzeit über den Vilmer Urwald. Auf Anregung seines Freundes Caspar David Friedrich war er 1819 auf das »kleine Eilande« gereist. – Dies alles wie gesagt. Und noch mehr. Viel, viel mehr. – Mit der Lupe betrachten wir jene kunstvolle schwedische Matrikelkarte, zartgrün, sonnengelb, muschelweiß koloriert, anno 1695, darauf die Insel Vilm wie ein schwimmender Baum auf welligem Wasser treibt: der Kleine Vilm die Wurzel, der Mittlere Vilm der Stamm, der Große Vilm die Krone.

Im Greifswalder Bodden liegt unser Sehnsuchtstraum. Gegenüber der Goor, dem großen Buchenwald bei Lauterbach auf Rügen. Im Lauterbacher Hafen legt MS »Julchen« in wenigen Minuten ab. Eine Sonderfahrt mit Sondergenehmigung. Für maximal dreißig Personen. Vilm gehört zur »Kernzone« des Biosphärenreservats Rügen-Südost. Kein Zutritt bedeutet das.

Forschen Schrittes mit Kapitän Andreas Kuhfuß, der zugleich auch Naturführer ist, von Bord. »Als Erstes möchte ich Ihnen mitteilen, dass das Rauchen auf dieser Insel verboten ist. Zweitens, dass sie bitte, wenn es knackt, nach oben schauen, damit Sie den Ast sehen, der Ihnen auf den Kopf fallen will!« Gott behüte uns vor Sturm und Wind. Und Menschen, die aus Sachsen sind. Lehrte uns unser Vater. Kuhfuß ist so einer. Eingewandert aus Leipzig. Herzlich, ruppig, schnell, mit brutalst möglichem Charme. Aber er weiß irre gut Bescheid. Und darum geht es auf der Exkursion.

Einführung. Teil Eins. Die Insel, deren Name sich vom slawischen »ilumu« herleitet und Ulme bedeutet, ist für erdgeschichtliche Verhältnisse jung. Vor zarten zwölftausend Jahren wurde ihre Form geboren, im Zuge der Weichseleiszeit, die zum ewigen Andenken drei Endmoränenkerne zurückgelassen hat, als sie dahinschmolz. »Wir befinden uns jetzt auf einem dieser Kerne, dem Großen Vilm. Er hat eine Höhe von siebenunddreißig Komma acht Metern. Und die Drohung des Tages: Da müssen wir heute noch hoch!« Die beiden anderen Endmoränenkerne, der Kleine und der Mittlere Vilm, sind absolutes Tabu. Das gilt auch für Wissenschaftler, Ornithologen, Umweltforscher. Tatarenlattiche gedeihen dort, Schwalbenwurz und Steinbrech. Milchkraut und Natternzungenfarn breiten sich in den Salzwiesen aus. Durch nehrungsartige Strandwallbildung wurden die drei Endmoränenkerne miteinander verbunden. »Das sind diese Buchten, die Sie bei der Überfahrt sehen konnten.« Spiegelschwankungen und Sturmhochwasser der Ostsee brachen die Insel vor dreitausend Jahren ab. Ihre Größe entspricht ungefähr der von Helgoland.

»Noch Fragen? – Das ist nicht der Fall. Dann machen wir mit der Geschichte weiter.«

Einführung. Teil Zwei. Seit 1945 gehört der Vilm (»warum ›der‹ Vilm? – dazu komme ich gleich«) zu Mecklenburg-Vorpommern, von der Stadt Putbus verwaltet. 1956 integrierte man die Insel in den organisierten Tourismus der DDR. Siebenhundert Werktätige lümmelten da täglich in der Hochsaison im Wald und am Strand. Um dem einen Riegel vorzuschieben, plädierte Otto Grotewohl 1959 für den Bau eines Ferienheimes des Ministerrates, das denn auch entstand. »Das sind diese Häuser, in denen seit 1990 die Internationale Naturschutzakademie ihre Räume hat.« Öko-Freak Prince Charles war bereits zu Gast, blieb über Nacht und verputzte zum Dinner von Rügens Gourmetchef Peter Knobloch gekochten Ostseeschnäpel und Boddenbarsch, royal drapiert in einem Wiesenkräuternest. »Lovely, great, isn't it?«

Mit dem Tourismus war 1959 ein für allemal Schluss. Die Einzigen, die sich ab 1965 ständig auf der Insel aufhielten, waren acht Volkspolizisten. Nach einer wüsten Schlägerei zwischen einem Minister und einem Segler, dem die Bannmeile schnuppe war, bewachten sie den Vilm vierundzwanzig Stunden am Tag, dreihundertfünfundsechzig Tage im Jahr. »Der Segler hatte bei der Schlägerei gewonnen, sonst hätte man den Schwachsinn wohl nicht gemacht! Denn Sie können sich vorstellen, was das für eine aufopferungsvolle und abwechslungsreiche Tätigkeit war! Die Polizisten kannten jeden Maulwurf mit Vornamen.«

Und dann müsse noch gesagt werden: Es stimmt nicht, dass die Insel Vilm Honecker sozusagen gehört hat. Der kam nur dreimal. Rechtlich gesehen durfte er überhaupt nicht, weil er kein Minister war. Aber da die Familienangehörigen der Minister erlaubt waren, auch die Mitarbeiter des Ministerrats, besuchte er gelegentlich Gattin Margot, die ja Bildungsministerin war. Von wegen Erich währt am längsten. Auch die Parteileitung sei nie auf der Insel gewesen, ebenso wenig das Zentralkomitee. »Die pflegten im Kliff-Hotel in Sellin ihre Privilegien. Müssen wir schön sauber trennen, meine Damen und Herren!«

Schweigen im Walde. – »Dann machen wir jetzt mit der Natur weiter.«

Warum also »der Vilm«? Das rührt daher, dass man den Ulmenwald gemeint hat, man fuhr auf den hügeligen Wald, ist allerdings historisch alles nicht ganz wasserdicht. Hängt auch mit dem Hudenwald zusammen. Aber so bürgerte sich eben »der Vilm« als Kurzform ein.

Ein schmaler Pfad Richtung Steilufer. Nur auf diesem ist die Exkursion vom Karkenufer über den Grünen Berg bis zum Großen Haken genehmigt. Trutzige Eichen, Raum greifend, wild, zerzaust. Dazwischen Laubberge, Äste, Zweige, kreuz und quer, unwirsche ob des Verlorenen, gleichmütige an wettergebleichte Baumskelette gelehnt, andere ausgelaugt über knorrige Wurzeldickichte. Blitzeinschläge setzten Zeichen. Um uns herum bebuschte Hünengestalten mit ungeheuerlicher Rinde. Dreihundert, vierhundert Jahre alt. Volkmar Herre holte sie sich vor die Kamera. Die Haut der Eiche. Falten wie im Gesicht einer schönen greisen Frau.

»Der Mensch fasst auf dieser Insel nichts mehr an. Alles bleibt, wie es die Natur ergibt. Zum einen als Nistmöglichkeit für die Vögel. Zum anderen als Nahrung für Pilze und Käfer. Und was geschah wohl mit dieser Eiche?« Wulstartige Beulen kleben an ihrem Stamm. Ausdruck dafür, dass sie es nicht geschafft hat, die Temperaturunterschiede auszugleichen, wenn es im Winter nachts stark fror und ihr Stamm am Tage von der Sonne gewärmt worden ist. Natürliche Folge sind Frostsprengungen an der Borke. Hört man manchmal im Wald, dieses Knacken und Knallen. Wenn der Baum im Frühling wieder in den Saft schießt, heilen die aufgeplatzten Stellen, indes die Beulen bleiben. »Wer mir nicht glaubt, schaue bitte hinter den Baum. Da ist keine einzige Beule. Nur vorne, wo die Sonne hinkommt.«

Wir stehen am aktiven Kliff. »Heißt nicht aktiv, weil man leicht runterstürzen kann, sondern sehen Sie mal die Steine da unten! Die brechen laufend aus der Mergelschicht! Weiter hinten am Kochufer sind die Steine übereinander gelagert, das ist was anderes, nennt man Blockstrand. Und der kommt woher?« Durch Eisschollen jedes Jahr, die die Steine huckepack bei Sturm ans Ufer schleudern, sobald die Eisdecke im Greifswalder Bodden schmilzt. Haushoch hatte sich 2003 das Packeis vorm Vilm aufgebäumt. Bis hinein in den April. Zwanzig Grad minus sind hier im Winter keine Seltenheit. Die gefühlte Kälte allerdings beträgt durch die hohe Luftfeuchtigkeit um ein Vielfaches mehr.

Sanddorn und Königskerzen am Rande des Kliffs. Eine lebensmüde fette Henne. »Lebensmüde deswegen, weil sie nächstes Jahr aus der Mergelschicht abwärts bricht.« Lederblümchen wachsen im Vilmer Urwaldunterholz. Bärlauch und Lerchensporn. Wie Lianen schlingt sich das duftende Waldgeißblatt in das Geäst der Bäume, lässt seine Blüten rötlich überlaufen und öffnet für die Nachtschmetterlinge seinen Blütensaum. Aus der Tiefe der Blütenröhren saugen die Schmetterlinge den Nektar und flattern traumtaumelnd, trunken davon.

Und immer wieder Buchen. Buchen. Buchen. Geäst und Kronen zum Dach eines Domes verschränkt. Mit einer Taillenweite von sechs Metern protzte die zwölfstämmige »Zwölfapostelbuche«. Sie ist nicht mehr. Schied 1957 dahin. Ganze Serien gestürzter Bäume auf dem Vilm hat Volkmar Herre fotografiert. Symbole für Werden und Vergehen. Mit »Venus« überschrieb er seinen Baum-Katalog, in dem jene namenlosen Schönen verführerisch posieren: mit seidigem Nebel auf ihrem Bauch, gespreizten Schenkeln, diamantenen Schweißperlen. Ermattete Ballerinen nach einem sinnenrauschenden Tanz, Baumbräute, die Einblicke in ihre Scham gewähren.

Finden wir sie hier?

»Dies ist eine Hainbuche«, fährt Andreas Kuhfuß mit seinem Vortrag fort, »fiel in der Nacht vom fünften auf den sechsten November 1995 um.« Die Zersetzung sei relativ weit fortgeschritten durch die Käfer, die von dem Baum essen und in ihm wohnen. Todholz schmeckt ihnen besser als gesundes. Frisst sich leichter auf. Na, denn. Bis Eichen zu Humus werden, da gehen leicht hundert oder hundertfünfzig Jahre ins Land. Liegt an ihrem hohen Gerbsäureanteil. »Spaßeshalber sag' ich immer, wenn es einen von uns hier erwischt, ist der in zehn Jahren weg.«

Dass man die Vilmer Schatzkammer nicht allein durchstreifen darf! Um von den Bäumen der Erkenntnis Früchte zu pflücken, sich in ihre Armbeugen zu setzen, auf ihre Schultern – herauszufinden, was sie in ihre urtümlichen Bärte grummeln. Die ältesten von ihnen, die seit sechshundert Jahren hier stehen, würden wir fragen, was Größe ist, was Entwurzelung? Und ob jener Zauber, dem der Standard überall auflauert und aus unzähligen Orten kaltschnäuzig verscheucht hat, zu ihnen floh? In ihre Schwämme und Flechten vielleicht? Oder in ihre fantastischen Verrenkungen, die kein Statiker der Welt je berechnen kann?

Danach würden wir schweigen. Mit den Bäumen.

## *Nur stille, stille*

*Grüße von der Insel Hiddensee*

Fühlt sich an, als lägen dreißig Jahre dazwischen. Denn die Folien ergeben nicht mehr ein Bild, wenn man sie übereinander legt und gegen das Licht hält. Dabei ist es doch erst 1992 gewesen! Weißt du noch? Als wir gleich an unserem ersten Abend von Kloster nach Grieben spazierten? Dieses winzige Dorf am Nordzipfel von Hiddensee, eigentlich nur ein paar hingewürfelte Häuser – wie vom Wind aus der Ostsee angewehte Schaumkronenbälle. War stockduster draußen. Keine einzige Straßenlaterne. Eng eingehakt gingen wir auf dem sandigen Weg, niemand begegnete uns. Wir sprachen kein Wort, ließen nur die Stille auf uns wirken. Aber Hauptmanns »Mondscheinlerche« kam uns in den Sinn, obwohl uns Gerhart Hauptmann gar nicht lag. Den Hiddenseern ging es genauso. Sie fanden ihn arrogant. Schon wegen seiner Macke, dass er, wenn er mal wieder auf die Insel reiste, grundsätzlich allein, also ohne andere Fahrgäste, auf dem Dampfer der »Weißen Flotte« sitzen wollte und das auch erfolgreich durchgesetzt hat. Der Dichter der »Weber« hielt zum Fußvolk Distanz. Was ihn aber nicht davon abhielt, junge Mädchen am Hiddenseer Strand mit seiner komischen Mönchskutte aufzuschrecken (hatte er eigentlich was darunter an?). Andererseits ist Hiddensee ohne Hauptmanns »Haus Seedorn« nicht denkbar.

Ich habe noch einen ganzen Stapel Postkarten, die wir in der Hauptmann-Gedenkstätte gekauft hatten, in meinem Ostseebüchermuschelsandregal. Sie sind aus diesem halbmatten, dünnen Fotokarton, wie zu unserer Schulzeit. Auf einer Karte guckt der Weißhaarige seine Betrachter ernst, grimmig an. Er sitzt vor einer Hecke auf einer Bank. Quer über die Beine gelegt seinen Gehstock, den er mit beiden Händen festhält. Auf einer anderen Postkarte sein 1930 erworbenes Haus mit der Holzveranda unter altem Buchenbestand. Weißt du noch? Die Dame, die uns durch die Räume führte, sie hieß Dr. Sonja Kühne und war die Leiterin, erzählte köstlich trocken von den vierhundertfünfzig Flaschen Wein, die Hauptmann in seinem Keller gelagert hatte. In seinem Schlafzimmer, das damals gerade frisch restauriert worden war, zeigte sie uns anschließend Hauptmanns Wandkritzeleien. Der Mann litt an massiven Schlafstörungen. Dabei suchten ihn geniale Einfälle heim, die er dann statt auf einen Block unter der Nachtschranklampe an die Wand befördert hat. »Sekundären Krankheitsgewinn« nannte Sigmund Freud ein solches Phänomen. Der Wiener Neurologe und Begründer der Psychoanalyse besaß auf Hiddensee ebenfalls eine Immobilie. Desgleichen Carl Zuckmayer, unmittelbarer Gartenzaunnachbar von Hauptmann, der Regisseur Walter Felsenstein und die Puppenmacherdynastie Kruse. Max Reinhardt, Albert Einstein (mit eigenem Segelboot), Heinrich George, Otto Gebühr, Thomas Mann (dessen Frau sich mit Inselkönig Hauptmann nach wenigen Tagen in der Wolle hatte), Joachim Ringelnatz, Stummfilmdiva Asta Nielsen – wer hatte *dat söte Länneken* (das süße Ländchen) nicht für sich entdeckt? Walter Leistikow, Elisabeth Büchsel, Gustav Schönleben, Clara Arnheim und Henni Lehmann, die den »Hiddenseer Künstlerinnenbund« gegründet hatten, Felix Krause, Otto Mueller, Erich Heckel, Emil Orlik, Ernst Toller, George Grosz und der »Vater und Sohn«-Karikaturist Erich Ohser … die Inselgästebücher voller Prominenz.

Und als wir endlich im Gasthaus »Zum Enddorn« ankamen, weißt du noch? Alle Wände bis unter die Decke voller Gemälde, Aquarelle, Zeichnungen, Fotos mit Motiven von Hiddensee. Davon hatten wir gehört. Der »Enddorn« war ein legendärer Künstlertreff. Der Wirt sah uns sofort an der Nasenspitze an, dass wir Westler waren. Und erst nach einigen Bierrunden wurden wir mit ihm und den Einheimischen am Stammtisch warm. Vieles lief damals subtil zwischen den Zeilen, und in Ermangelung eines deutsch-deutschen Wörterbuches redeten wir aneinander vorbei. Zugleich wurden wir abtaxiert, nachdem die ersten Horden aus unserem werten Schlaraffenteil den nicht mehr volkseigenen Grund und Boden in den ehemaligen Ostgebieten nach Goldquellen durchbohrt hatten. Den ganzen Quark, den sich die Herrschaften um den Palast der Republik herum ausgedacht hatten, hatten die Hiddenseer natürlich satt. Das meiste davon soff darum schon zu DDR-Zeiten im Schaproder Bodden ab, bevor es von Berlin über Stralsund je auf der Ostseeperle landen konnte.

Und wo ich mich im Augenblick befinde? Richtig, in Grieben, Dorfstraße 6, vorm Gasthaus »Zum Enddorn«. Ist aber nicht mehr unseres, das von 1992. Obwohl im Gasthausgarten auf einer Tafel steht: »Das Original«. Es hängen im Original aber kaum noch Bilder an der Wand. Ich war echt geschockt. Fragte den Kellner. Der pampte desinteressiert zurück. Sei im Stress. Wüsste auch nichts. Ich also raus. In der Dorfstraße 8, nebenan, das Gebäude stand damals schon, Hotel »Enddorn«. Man beachte: ohne zum. Die Fälschung also. Tadellose Einrichtung. Caffè Latte, Capuccino, Latte Macchiato. Alles picobello. Höfliche Bedienung. »Sie haben schon gewählt?« Großstädtisch schickes Inventar. Und an den Wänden – nein! – doch! – jene Gemälde, Aquarelle, Zeichnungen, Fotos mit Motiven von Hiddensee. Frage am Tresen, was, wie, wo? Bekomme jedoch keine vernünftige Antwort. Einen Satz mit vielen Leerzeichen nur, »schneller gewesen« oder so.

Nein, ich will nicht meckern. Es ist hier auf der Insel ganz wunderbar. Der Leuchtturm steht, wo er schon immer stand. Und keiner hat den Taufengel aus der Inselkirche in Kloster abgeschraubt. Unversehrt, prächtiger sogar als 1992 schwebt er unter der himmelblauen, mit Blütenträumen bemalten Holzdecke im Kirchenschiff, die goldenen

Flügel ausgestreckt. Im Unterschied zu damals, auch das ist ein Plus, kann man Fahrräder ausleihen. Ein Lebensmittelmarkt. Ein Getränkemarkt. Eine Sparkasse mit Geldautomat. Auf der Homepage von Hiddensee surft die ganze Welt. Wenigen auf der Insel gehört ziemlich viel. Und auch das war ein Vereinigungsziel. Ein Segen, dass die Insel autofrei blieb und in der ersten Reihe, wo im Sommer tagtäglich neuntausend Touristen mit den Fährschiffen einfallen, keine Preiskiller stehen.

Weißt du noch? Als uns Annalise Gustavs, die Tochter des Inselpastors Arnold Gustavs, damals zu sich einlud und wir ihren Geschichten aus dem Inselleben zuhörten? Sie war achtundachtzig und schrieb mir in das Hiddensee-Buch ihres Vaters »in herzlicher Verbundenheit« eine Widmung. Lese gerade wieder darin, an der Steilküste, am Dornbusch. Und sehe vor mir, wie sie Hauptmanns Warnung zitierte: »Nur stille, stille, dass es nicht etwa ein Weltbad werde!«

## *Verrätselte Symbole*

*In der Ruine von Eldena*

Schnell hat man sie verpasst. Ist man gedankenlos an ihr vorbeigerauscht. Besonders nach Einbruch der Dunkelheit. Denn von der Landstraße aus erkennt man sie nur bruchstückhaft. Von den inneren Monologen indes, die Caspar David Friedrich mit Eldena führte und von denen uns mehrere Bildniederschriften überliefert sind, scheinen Silben umher zu schweben, abgerissene Wortfetzen, Sätze in h-Moll. Warum er zum Gegenstand seiner Malerei »so oft den Tod, Vergänglichkeit und Grab« gewählt habe, wurde der Maler, der kaum eines seiner Werke signierte, kaum eines seiner Werke datierte, bis zum Überdruss gefragt.

Der Parkplatz vor der Ruine Eldena ist zu dieser späten Stunde unheimlich und karg. Ein Mann mit einer Kippe zwischen den Fingern, die Glut schützend in seine Handinnenfläche gestreckt, spricht uns an. Woher kommt er plötzlich? Wir hatten von nirgendwo Schritte vernommen. Kein einziges Geräusch. Imaginierte Mönche nur hier und dort. Betend, nach getaner Arbeit. Es sei ganz wunderbar, sagt der Mann, und tritt beunruhigend dicht an uns heran, sich der Ruine in genau dieser Atmosphäre zu stellen. Allein. Ungestört. Wenn es immer dunkler wird.

Ihr Wesen würde man dann nämlich viel intensiver als bei Tageslicht berühren, ihre Botschaften entziffern können. Caspar David Friedrich habe Eldena zum Traumbild der deutschen Romantik gemacht. Ohne ihn gäbe es die Backsteinpfeiler und Backsteinbögen der ehemaligen Klosterkirche nicht mehr. Und damit auch nicht die Strahlenbündel, die die Sonne flutlichtartig durch die Fensteröffnungen wirft, und nicht die Schatten, die mit unerbittlicher Schärfe Hell und Dunkel markieren – Schwellen vom Diesseits zum Jenseits.

Im Dreißigjährigen Krieg hatten die Schweden das 1199 gegründete Zisterzienserkloster zerstört. Noch hundert Jahre danach hielt es profan als Steinbruch her. Als Caspar David Friedrich nach Eldena kam, und das tat er bereits als Kind, sah er die Ruine, die wir heute sehen. Er malte jedoch viel mehr. Denn ein Maler, befand er, solle »nicht bloß malen, was er vor sich sieht, sondern auch, was er in sich sieht«. Würde er aber nichts in sich sehen, lautete sein Diktum, so solle er auch unterlassen zu malen, »was er vor sich sieht«.

Elf Eldena-Varianten Caspar David Friedrichs kennen wir: in Öl, in Tusche, in Sepia, in Aquarell. Elf Chiffren für Vergänglichkeit, für Melancholie, für Unwiderruflichkeit, für Verfall. Doch während wir durch diese Bilder wandeln, öffnen sich uns neue Räume, verliert der Augenschein an Glaubwürdigkeit. So steht die Ruine der Westfassade mit ihrem hohen schlanken Fenster, das eher einem Portal gleicht, weil es bis auf den Boden reicht, nicht allein für eine Lädierung, für eine schmerzhafte Zäsur. Was hinter der Ruine im Verborgenen liegt, lockt geheimnisvoll, ängstigt aber auch. Denn es gilt, einen Schritt nach vorn durch etwas hindurch zu wagen, was unkalkulierbar ist. Wer hat schon diesen Mut?

Die Klosterruine stand für Caspar David Friedrich nicht nur in Eldena. Er pflanzte sie ins Riesengebirge. Trennte einzelne Fassadenteile und Mauersimse aus ihrem ursprünglichen Grundriss, ihrer strengen Geometrie heraus, um ihnen in einer selbst entworfenen anderen Umgebung einen neuen Sinn zu verleihen. Auf dem Rasen des Eldenaer Parks, den Peter Joseph Lenée 1827 angelegt hat, tasten wir uns um die Reste jener Vierung, die einst die Klosterkirche zusammenhielt und von der nur noch drei Pfeiler übrig sind – mit ungeheurem Stehvermögen und mit Eleganz. Das von den Grobschlächtigkeiten der Vergangenheit Gebliebene altert hier in Schönheit: Heilende Moosteppiche bedecken die Blessuren, Blätterfächer kühlen noch brennende Schrammen und Furchen, der Backsteinstaub porös gewordener Ecken und Kanten sieht wie sorgsam aufgestäubtes Puder aus. Und alles hat nun seine Ordnung.

Dennoch verführt Eldena nicht zum langen Verbleib. Zu sehr wühlt es auf, lässt es im Unklaren, ob die Impressionen real sind oder Negativdrucke des eigenen seelischen Inventars.

Nachtschwarz wölbt sich der Himmel über die Ruine. Sterne funkeln. Irgendwie geht alles immer weiter, kommt ein neuer Tag, eine neue Nacht. Der Mann ist nicht mehr da. Trotzdem spüren wir seine Anwesenheit.

## *Immer eine rote Rose für Rolf Werner*

*Zum Tee bei der Malerwitwe*

»Nein, nein, auf keinen Fall!«, lacht sie mit sonorem Unterton. Originale von Rolf Werner, wie sie ihren Mann im Gestus einer Kunsthistorikerin tituliert, verkaufe sie nicht. Aber sie kaufe Originale zurück. Das komme aber nur selten vor. Denn wer einen Rolf Werner besitzen würde, rücke den nicht wieder raus. Für Interessierte hat die Malerwitwe indes Plakate da, so zum Beispiel von der »Seebrücke in Ahlbeck«, die Rolf Werner 1974/75 in Öl gemalt hat. Das wellige Wasser im Vordergrund dunkelbraun, blaugrau, zur offenen See hinaus klart es zuversichtlich auf. Segelboote schaukeln friedlich in der Bildmitte. Aber friedlich war es damals nicht. Die Segelboote hatte Rolf Werner erfunden, besser gesagt: aus der abgeschafften alten Ordnung in die neue, zwanghaft paranoide komponiert. »Wir durften ja nicht mal eine Luftmatratze zum Baden an den Strand mitnehmen«, sagt die Malerwitwe und fügt ironisierend, spitz hinzu, »weil man damit zur Internationalen Schifffahrtslinie hätte schwimmen können!« Uns beschäftigten damals andere Sorgen: Radikalenerlass, Berufsverbote, Massenarbeitslosigkeit, das »Modell Deutschland« unter Kanzler Schmidt mit Nato-Doppelbeschluss und

Hochschul-Rahmengesetz, nachdem die Ära Brandt, die »mehr Demokratie wagen« wollte, durch die Guillaume-Affäre am Boden lag. Doch zu diesen Dingen hat Sigrid Werner keinen Bezug.

Jedes Bild ihres Mannes kennt sie genau, bis in die feinste Pinselstrichführung hinein. Sie weiß, für welche Farben er sich aus welchem Grunde entschied, erläutert Waagerechte und Senkrechte (»Pappeln wählte er dafür gerne«) im Bild, kennt die Stimmungen, von denen er sich für seine Motive wie »Steilküste« oder »Strand mit Pavillon« oder »Herbstlandschaft auf Usedom« leiten ließ, zitiert den Dresdner Maler Strawalde, der ihren Mann verehrte und den sie für eine Hommage in dem von ihr herausgegebenen Katalog zu Rolf Werner gewann. »Er war ein Freund unseres Hauses und eigentlich der geistige Vater von R. A. Penck, der ja später im Westen groß Karriere gemacht hat.« In nahezu jedem Satz lobt sie Rolf Werner, ihren Mann, der 1916 in Leipzig geboren wurde, nach einer Lehre als Retuscheur an der Akademie für Grafische Künste in Leipzig studierte, dann »zur Luftwaffe in den Krieg musste« und sich erst ab 1948 wieder einzig und allein seiner Malerei hat widmen können. »Er war der glücklichste Mensch, wenn er morgens in sein Atelier ging!« Und da sie, seine um zehn Jahre jüngere Ehefrau, für den Lebensunterhalt der Familie sorgte (»ich war Zahnärztin, liebte meinen Beruf und verdiente gut«), stand er, Rolf Werner, nie unter Druck. Er malte für sich, verkaufte nichts, höchstens für ein Museum trennte er sich mal von einem Stück.

1997 stand Walter Jens in der Seestraße 60 vor der Tür. Die Gelegenheit bot sich ihm während eines Festaktes im Hans-Werner-Richter-Haus ein paar Straßen weiter Richtung Strand. Intellektuelle Prominenz kam dort anlässlich der Gründung der »Gruppe 47« vor damals fünfzig Jahren in München zusammen, wohin es den bei Bansin geborenen Fischersohn Hans Werner Richter nach Kriegsdienst und amerikanischer Gefangenschaft 1946 verschlagen hat. Aus dem Pommer wurde so ein Bayer, oder wie es der »Spuren im Sand«-Schreiber in unnachahmlicher Weise selbst formuliert, »ein auf dem Kopf stehender Pommer«, weil die Farbe der Bayern weiß-blau und die der Pommern blau-weiß sei, folglich ein Pommer »ein auf den Kopf gestellter Bayer« und ein Bayer umgekehrt … Aber das hatten wir ja eben schon. Ansonsten hätten Bayern und Pommern wenig miteinander zu tun. Die meisten Gäste im historischen Feuerwehrhaus, wo man seit 1993, als Hans Werner Richter starb, sein Münchner Arbeitszimmer, Teile seiner Bibliothek und seiner Kunstsammlung anschauen kann, stammen aus Westdeutschland, fährt Frau Werner fort. Hier im Osten habe man sich mehr mit seinem Neffen befasst, Egon Richter, der um ein paar Ecken herum wohne und viele wunderbare Bücher über Usedom veröffentlicht hat, außerdem auch Romane wie »Die letzte Fahrt der Königin Luise« oder »Zeugnis zu dritt«. Ja, und dann lebte schließlich noch bis vor kurzem Carola Stern auf Usedom, im Seebad Ahlbeck, wo sie 1925 geboren wurde. Ihr Nachlass ruht nun auch im Hans-Werner-Richter-Haus, darunter die Olympus Schreibmaschine der Publizistin, Fotos, Videomitschnitte, Manuskripte. Und was war nun mit Walter Jens, als er 1997 das Rolf-Werner-Gedenkatelier besuchte? »Mit allen Mitteln der Rhetorik wollte er mir einen Rolf Werner abluchsen – das ist ihm aber nicht gelungen!«

Filzpantoffeln liegen in einem Regal vor dem Ausstellungsraum, den Sigrid Werner nach dem Tod ihres Mannes 1989 (»er starb am 6. Oktober, hat also die Wende gerade nicht mehr miterlebt!«) an ihr mitunter ein wenig verwunschen wirkendes Feldsteinhaus anbauen ließ, direkt neben Rolf Werners Atelier. Bild für Bild erläutert sie mit Hingabe, mit Sachverstand. Zwischen jedem Wort schwingt Bewunderung mit, doch auch die Botschaft, dass es hier um mehr als bloßes Bildbetrachten geht. Dutzende Bilder sind es, die die Malerwitwe in dem weiß getünchten Raum aufgehängt hat. Die meisten in schlichten schmalen Holzleisten gerahmt. Dabei fallen die kleinen Formate auf. Rolf Werners Spezialität? »Er malte seine eigene Welt. Vorstadtstraßen im Dämmerlicht. Stillleben. Blumen. Frauenporträts. Diese Monumentalität wie bei Sitte, Tüpke, Mattheuer und den anderen Staatsmalern der DDR war nicht sein Ding.« Auch gegen politische Kursvorgaben habe er sich gewehrt. »Natürlich nicht wie Biermann!« Sondern auf seine Art. Die Deutschlandfahne, die ihr Mann häufig gemalt habe, zum Beispiel 1967 in seiner »Landschaft mit rosa Haus«, blieb bewusst eingedreht, sodass Hammer und Sichel nicht zu sehen sind. Oder hat sie der Künstler retuschiert?

Die Malerwitwe bittet vor das nächste Bild, vor das übernächste, das überübernächste, erklärt und erklärt. Dass Rolf Werner immer »vereinfachen« wollte. Dass er ein »enormes fotografisches Gedächtnis« besaß. Dass er auch bunte kindlich anmutende Szenen auf die Leinwand brachte wie »Laternenfest« oder »Drachensteigen« oder »Reiten auf dem Lande« oder »Rodelbahn«. Dass Rolf Werner aber trotzdem »nie ein naiver Maler« war, wie häufig vorschnell geurteilt werde. Der beharrlich sanfte Ton der Malerwitwe kippt, klingt leicht verstimmt, kehrt aber rasch wieder in seine Ausgangslage zurück. »Mein Mann malte ständig anders. Seine Bilder könnten von mehreren Malern stammen!« Dass Kunstwissenschaftler Rolf Werners Stil als eine »poetische Variante des Realismus« bezeichnen, gefällt unserer Kunstführerin sehr.

»Und so sah er aus, gucken Sie mal!« Die zierliche Seniorin, die auf die Achtzig zusteuert, deutet auf ein Foto an der Wand. »Ein absoluter Frauentyp! Ja, das war er!« 1953, im Sommer, erzählt sie, und wir glauben uns nicht zu täuschen, dass da das Herzflimmern von damals noch immer virulent ist, hatte sie sich mit einer Kommilitonin von der Greifswalder Uni zu einem Wochenendausflug nach Usedom aufgemacht, an den FKK-

Strand. Und da stand er plötzlich vor ihr: »braun gebrannt, lockige schwarze Haare, eine tolle Ausstrahlung, schlank«. Der freischaffende Maler, »er war ein Charmeur, flirtete gern«, sprach die strohblonde Schöne an. »Ich wusste sofort: Der ist es!« Noch im selben Jahr brach Rolf Werner seine Zelte in der sächsischen Heimat ab.

Frisch aufgebrühter Tee duftet aus dem Wohnzimmer, in das ein schummriger Flur hinter der Diele führt. Der Tisch hübsch gedeckt mit Meissner Porzellan. In der Mitte eine Apfeltorte, die die Usedomer Kunstmalerin Rosa Kühn gebacken hat. »Sie gab sie mir gestern, als ich sie besuchte, mit.« Es entspinnt sich ein kurzes Gespräch über die Gründergeneration der Usedomer Künstler um Otto Niemeyer-Holstein, Otto Manigk, Herbert Wegehaupt. Zugezogene waren sie allesamt gegen Ende der Weimarer Republik, aus Berlin, aus Breslau, aus Kiel, von sonstwo her. Dem Lärm der Großstadt wollten die meisten zunächst nur entfliehen, schon bald jedoch wurden ihre Inselsommerhäuschen zu Refugien, um sich und ihre Kunst vor Hitlers Spürhunden in Sicherheit zu bringen. Rosa Kühn stieß erst 1948 zur Usedomer Künstlergruppe hinzu, ähnlich das Eisenacher Künstlerpaar Manfred Kandt und Susanne Kandt-Horn. »Wir pflegten alle miteinander Kontakt, die einen mehr, die anderen weniger«, lautet Sigrid Werners lakonischer Kommentar, »auch mit den Söhnen Volker Manigk und Matthias Wegehaupt, die die Usedomer Maltradition weitergeführt haben.« Mit Otto Niemeyer-Holstein und seiner

Frau hätten sie mal eine gemeinsame Reise in die Hohe Tatra unternommen. Daraus seien später auch Bilder entstanden. Noch einen Tee?

Fenster in die Innenwelt ihrer einstigen Außenwelt öffnet Sigrid Werner nicht. Aber sie zeigt uns einen Film, den ein DDR-Fernsehteam Anfang der siebziger Jahre über Rolf Werner gedreht hat. Arbeiter einer Brigade der Peene-Werft in Wolgast sitzen da mit ihrem Mann in lockerer Runde zusammen. »Thema war«, erklärt sie, »Werktätige an die Kunst heranzuführen«. Aber nicht darum geht es Frau Werner, als sie die Videokassette einlegt und uns zur Feier der Stunde ein Glas Wein einschenkt. Die Malerwitwe sieht ihren Mann immer wieder gern, wie er mit allen so gut konnte, so humorvoll war, ohne Dünkel, ohne Allüren. Und es stimmt. Ungemein sympathisch kommt Rolf Werner beim Fachsimpeln mit den Brigadisten rüber, witzig auch, als einer herumdruckst (»will nicht unsittlich sein«), bevor er über die Lippen bringt, ob er, Rolf Werner, »öfters auch mal'n Akt male?« Einen anderen interessiert, wie ein Künstlerarbeitstag überhaupt ablaufe, da es doch sicher passiere, »dat Se nich immmer können, wenn Se müssen!« Rolf Werner grinst. Sigrid Werner auch. Das übrige Frage-Antwort-Spiel über Inspiration, Maltechniken, Motivwahl, »Rolle der Kunst in der sozialistischen Gesellschaft« und so weiter und so fort holt völlig unerwartet unsere einstige Begeisterung für die »proletarisch-revolutionäre« Kultur um Brecht und Grosz und Dix und Heartfield aus dem Gedächtnisschrank. Klar, lässt sich nicht miteinander vergleichen. Wissen wir. Und doch: Während der Film weiter spult, steigt unsere Neugier, mehr von alledem zu sehen, zu hören, zu fühlen, was Teil unserer gemeinsamen Vergangenheit ist, indes vom »eisernen Vorhang« abgetrennt blieb – beschmiert mit schlechten Noten, Häme und Schuld. Die Lust am Fertigmachen hinterließ weite Bezirke der Sprachlosigkeit.

Viel habe sie von Rolf Werner, ihrem Mann, gelernt, sagt die Malerwitwe zum Schluss, und es war ein festes Ritual, jeden Tag, wenn sie von ihrer Arbeit nach Hause kam, zuerst bei ihm im Atelier vorbeizuschauen. »Ich war seine beste Kritikerin!« Frühabendlicht fällt durch die hohen Atelierfenster. Farbtuben und Töpfe und Pinsel ruhen wie gerade noch benutzt auf einem kleinen Tisch neben der Staffelei. Darauf Rolf Werners letztes Bild. Unvollendet. Am oberen Rand immer eine rote Rose – taufrisch.

## *Verweile noch!*

*Ferien vom Ach im Hotel zur Post*

Wunschgemäß bekommen wir die Einhundertdreizehn. Unser Lieblingszimmer. Man übernachtet nicht, man wohnt darin. Vor allem im Erker nach vorn zur Seestraße hinaus. Bei geöffneten Fenstern, und die sind in der einstigen Privatvilla aus dem Jahre 1902 zeittypisch hoch, hört man die Möwen, den Ostseewind, die Ostseewellen. Vor zwei Sesseln ein kleiner Tisch, auf dem sich zum Auftakt jedes Tages eine Patience legen lässt. Seit 1923 ist das zitronengelb-strahlendweiße Haus Hotel zur Post. 1935 haben es Heinz Gühler, der Vater des heutigen Besitzers, Gerhard Gühler, und dessen Bruder, der auch Gerhard Gühler hieß, gekauft. Gut betuchte Berliner stiegen hier ab, mieteten ganze Etagen für sich und ihre Zimmermädchen, Kindermädchen, Köchin, Chauffeur. Die »Badewanne Berlins«, die Usedom noch heute ist, bot beschwingte Unterhaltung vor Musikmuscheln und in heißen Tanzlokalen, lud in die Lesesäle ihrer Kurhallen ein, an den kilometerlangen Stränden ließ man die Hüllen fallen, Kurschatten überredete man zum Nachtbaden – »Blaues Meer am weißen Strand // grüne Wälder an Ufers Rand. // Blüh und gedeih mein Heimatland.«

Umarmungen. Ankommen und Einchecken. Blumensträuße. Abreisen und Auschecken. Meeting-Point für eine Inselradtour. In den kuscheligen weißen Hotelbademänteln zum Dampfbad mit Rügener Heilkreidekur. Unter der gläsernen Kuppel der kreisrunden Eingangshalle steppt der Ostseebär. Der junge Mann an der Rezeption erinnert sich an uns, trägt uns unser Gepäck durchs Labyrinth der Hotelgänge, Treppen und Fahrstühle in den ersten Stock des Altbaus hoch. Stets muss man sich neu orientieren. Jedes Jahr überrascht Gerhard Gühler nämlich mit frischen Ideen. Machen andere auch und ist für sich genommen nichts Außergewöhnliches. Doch was Gerhard Gühler auf die Beine gestellt hat, blieb im west-östlichen Diwan Usedoms bislang ohne Beispiel. Stammgäste vor allem aus seiner zweiten Heimat Stuttgart hören die Geschichte immer wieder gern bei einem »Viertele«, jener Weintrinktradition, die Gühler inklusive Trollinger und »Obschtler« von einem Bauern aus der Schwäbischen Alp mitgebracht hat, als er 1989 sein Bansiner Elternhaus zurückbekam: Im Zuge der Enteignungsaktion mit dem hübschen Namen »Rose« sind die Gühlers 1953 Richtung Württemberg geflohen. Sohn Gerhard war damals zehn und sollte die nächsten Jahre im Ländle zubringen. Den Trubel und die Heiterkeit, die er im Hotel zur Post erlebte, eine Oase inmitten der ansonsten deprimierenden Zeit, prägten ihn. Auf dem Plattenteller eierte »Pack die Badehose ein!« Fischgerichte wurden serviert. Und die Berliner, deren Stadt zu achtzig Prozent zerbombt war, standen wieder vor der Tür. Was danach kam, wissen wir.

Auferstanden aus ruinösem Hausschwamm und abgewohntem Bruch hatte er die alte Post mit stolzen achtzehn Zimmern 1993 wieder aufgemacht, womit das Seebad Bansin seine erste Vier-Sterne-Kategorie besaß und Gerhard Gühler, ein weltgewandter Speditionskaufmann, den Bundespreis für Denkmalschutz. Die Totalsanierung hatte ihn vierundzwanzig Monate Nerven gekostet und über den Daumen gepeilt sechs Millionen Mark: Beim Ausbaggern der Keller brach plötzlich Wasser ein, die schöne, alte Holztreppe musste modernem Brandschutz weichen. Und weil das preußische Kappengewölbe nicht der so genannten amtlichen Verkehrshöhe entsprach, ordneten die Behörden »weg damit!« an. Außerdem montierten die Handwerker das Dach wieder ab, das Gühler für zweihundertachtzigtausend Mark kurz zuvor erst auf das Haus gesetzt hatte, weil es undicht gewesen war. Was er nicht sah: Die Balken darunter moderten. Heute sagt der pommersche Schwabe: »Ich bin an das Projekt völlig naiv rangegangen.« Das Haus anständig in Ordnung zu bringen und zu verpachten, das war sein Plan, um sich mit Sechzig gemütlich zurückzulehnen, und »nur noch Champagner schlürfen und Kaviar schlemmen«.

Doch dann kam Plan B.

Die Kapazitäten reichten nicht mehr aus, das Haus mit den nostalgischen Postrestbeständen

(Telefone, Posthörner!!) aus der Zeit, als es ein Ausspann war, ständig ausgebucht. 1996 baute Gühler an. Fünfundvierzig neue Zimmer. Viereinhalb Millionen Mark. Die Fassade im Bäderarchitekturstil, zitronengelb-strahlendweiß gestrichen wie der Altbau. Die Gäste drängelten weiter. Wohlfühltage bitte auch in der Nachsaison im Sinne des Trendsetters Wellness. Wellness?

Gerhard Gühler, von seinen Pensionärsträumen weiter denn je entfernt, saß indes schon längst auf einem anderen Stern. Er hatte mit der Universität Greifswald Kontakt aufgenommen, wo eine eigene Forschungsstelle neue Wege der Gesundheitsprävention beschritt. Mit den Experten tüftelte er an einem Konzept, das seinen Gästen ein spürbares Mehr an Wohlfühlen bietet als bloßes Abstrampeln auf Fitnessgeräten, Sauna und Fußreflexzonentherapie: Medical Care. Klingt wie Zahnpasta, ist aber das gewisse Etwas zwischen Badeurlaub und Kurativmedizin. Ein Novum auf Usedom. In Deutschland sowieso.

Auch Bansinurlauber, die nicht im Hotel zur Post wohnen, rennen Gühler, der mittlerweile dreiundsechzig ist, die Bude ein, seitdem man sich in seinem dritten Anbau (mit riesiger Terrasse) vom Konzentrationsvermögen über die Knochendichte und Stressanfälligkeit bis hin zur Muskel-Fett-Relation und psychomotorischen Beweglichkeit – und das ist nur ein Teil – diagnostizieren, beraten und (wenn noch nicht alle Stricke gerissen sind) umpolen lassen kann. Physiotherapeuten, Bademeister, Ernährungsspezialisten, Masseure, Heilpraktiker führen den Vitalcheck durch, zertifiziert von den Greifswalder Wissenschaftlern.

Keine Kurklinik. Noch weniger ein Krankenhaus. Am allerwenigstens ein miefendes Wartezimmer wie beim Arzt. Gühlers exklusives SPA (sanum per aquam = Gesundheit durch Wasser) präsentiert sich wie Tausendundeine Nacht nach nordischer Art. Durchlässiges weiches Licht, duftende Aromen, intime Bäder, Liegen zum Relaxen am Außenpool. Und wer sich ab sofort gesund in Schwung bringen will, bediene sich am Wellness-Buffet (hier passt der Begriff) mit ausgesuchter Vollwertkost und Bioprodukten aus der Region. Rund um die Uhr ist es geöffnet. »Man soll ja siebenmal am Tag kleine Portionen zu sich nehmen«, sagt der Chef. Wer will, kann im Bademantel kommen.

Nicht im Brioni-Anzug und Prada-Kostüm, aber schon, bitte, mit dem gebührenden Respekt, den die Küche des Hauses verdient, sitzen wir an einem mit Kerzen, Gerberagesteck und Organzaschleifen geschmückten Abendtisch, Ton in Ton farblich alles aufeinander abgestimmt, in Gühlers Feinschmeckerrestaurant. Die Rezeption leitet weiter, wenn ein Gast Geburtstag hat. Vorspeise? Terrine von Haselnüssen und hausgemachtem Entenschinken mit Feigensoße. Hauptgang? Im Kräuterdampf gegarter Kabeljau mit Staudensellerie und Rote-Bete-Sorbet. Dessert? Spätsommerliche Komposition von Holunder, Hagebutte und Apfel. Dazu einen feinherben Riesling, Saale-Unstrut.

Happy to be!

## *Zu Gast bei der pommerschen Schneekönigin*

*Wo die Eisbären baden gehen*

Die ganz harten unter ihnen tun es alle. Jeden Tag. Oft schon frühmorgens, noch vor der Arbeit. Wenn's geht, schnell auch mal während einer Pause zwischendurch. Oder abends ohne Hetze auf dem Nachhauseweg. In allen Adern kocht dann das Blut. Für Bruchteile von Sekunden steht das Herz unter Schock. Was eben noch im Kopf war, wird durch Heiß und Kalt verscheucht. Kein einziger Gedanke, der bleibt. Ein Zucken und Vibrieren kriecht den Körper hoch. Zwei, drei Minuten lang. Am Strand von Usedom herrscht der Ausnahmezustand. Jedenfalls dort, wo die Eisbären baden gehen. Und aus Kapuzen rote Nasen neugierig, gespannt zusehen.

Einer der Eisbären ist der NDR-Wettermelder Frank Böhm, ein waschechter Usedomer, der ebenfalls zu jenen ganz Harten gehört, die im Winter täglich in die Ostsee springen. Und zwar ab 1. Januar, Schlag 14 Uhr, wenn im Seebad Ahlbeck unterhalb von Ostende zum traditionellen »Anbaden« gepfiffen wird. Umjubelt von Publikum an Bratwurstbuden. *Dat niege Johr* (das neue Jahr) im Glühweinrausch. »Manchmal müssen wir erst'n Loch in die Ostsee hauen«, erklärt der

Mittfünfziger. Das komme allerdings nicht oft vor. »Alle zehn Jahre nur friert es hier komplett zu.« In diesem Januar indes, 2006, hat Wetterkenner Frank Böhm im Gefühl, könnte es passieren. Denn aus dem Osten, dem direkten Nachbarn Usedoms, rückt sibirischer Frost heran – unaufhaltsam, mit beißenden dreißig Minusgraden.

Buchstäblich über Nacht ist Deutschlands sonnenreichste Insel dick verschneit. Kolkraben haben sich die besten Hochsitze in den alten, majestätischen Bäumen gekrallt und rufen ihr raues, Namen gebendes »Kollk, kollk«. Das schwarze Gefieder zeigt vor der Schneekulisse seinen metallischen Glanz. Kontrapunkte setzen die größten Rabenvögel in die Winterlandschaft. Usedom mögen sie ebenso gern wie Grönland. Pro Schnabel wird ein Revier von bis zu sechzig Quadratkilometern regiert. Assoziationen an archaische Zeiten wecken die gewandten Flieger aus der Familie der Corvidae.

Den ganzen lieben langen *Daach* (Tag) schütteln die drallen Ostseewolken weiter ihre Schneeflocken aus. Auf vielen Wegen spiegelglatte Glitschbahnen. An den Fensterscheiben der Kaiserbäder-Villen ranken sich Eisblumen hoch, verziert mit Federn, Fächern, Korallen. Simse tragen Schneekrawatten, Säulen auf den Veranden Schneegamaschen. Spitztürme stecken unter Schneepudelmützen. Schneeverwehungen bedecken vereiste Pfützen. Vor den wilhelminischen Palästen von Aristokratie und Finanzmagnaten haben sich Barockputten weiße Westen angezogen. Schmiedeeiserne Geländer und Brüstungsgitter sind von Eis umfroren. Weiß, weiß, weiß ist alles, was wir sehen.

Schon im Sommer, wenn das Licht des Nordens in die Loggien und Wintergärten fällt und die prächtigen Bauten mit ihren Erkern und Risaliten noch erhabener als ohnehin erstrahlen lässt, wird die Netzhaut unserer Augen überall von Weiß geblendet. In der Farbensymbolik steht Weiß, das physikalisch die Summe aller Farben ist, für Reinheit und Wahrheit, für den Anfang, für die Herrlichkeit, für Klarheit. Ganze Straßenzüge in Bansin, Heringsdorf und Ahlbeck bestehen aus weißen Villen. Eine, die Villa Oppenheim, erbaut 1887 an der heutigen Seepromenade von Heringsdorf als Sommerresidenz des Königsberger Privatbankiers Benuit Oppenheim, soll Lyonel Feiningers Lieblingsmotiv gewesen sein, wenn er zum Malen auf Usedom weilte. Und das tat er zwischen 1908 und 1912 häufig. Gut vorstellbar, dass den späteren Bauhaus-Lehrer die streng geometrische Architektur der Villa Oppenheim mit dem hohen Portikus in palladianischer Tradition beflügelt hat. Immerhin suchte er eine »kristallinisch-abstrahierende Ordnung«, so der Kunsthistoriker Bernfried Lichtnau, gerade auch in Abgrenzung zu Picasso und Braque. Die Villa Oppenheim bot sich dazu idealtypisch an, was man besonders auf einem Holzschnitt der Serie »Villa am Strand« erkennen kann. Mit voller Wucht treffen da Schwarz und Weiß aufeinander, spannungsgeladene kosmische Kräfte um das

Oppenheimer Anwesen einsam im Hintergrund. Eine Vorhersehung? Ein Signal? Der Usedomer Maler Otto Niemeyer-Holstein (1896–1984) sagte einmal, dass »jedes Bild eine Krisis« habe, keiner jedoch sehen dürfe, »welche Kämpfe man ausgefochten hat«.

Eine unberührte Schneedecke liegt an unserem eisigen Januartag im Park der Villa Oppenheim. Mit ihrer großen Freitreppe könnte die Villa auch ein Theater sein. Das Schicksal indes wollte es anders. »Während der Dunkelzeit Deutschlands«, erfahren wir auf einer Infotafel am Zaun, wurde die Villa BDM-Ortszentrale, nach 1945 Sanatorium für Offiziere der Roten Armee. Fleißige Spitzel durften später in der Villa ihre vom Leben der anderen aufgebrachte Batterie auf volkseigene Kosten wieder aufladen. Gern nistete sich Stasiboss Mielke in den Gemächern ein und mimte für intime wie offizielle Treffs den großen Gönner. Und heute? Heute »laden acht attraktive Ferienwohnungen zum Verweilen ein«, so weiter auf der Tafel. Vermietet von einer Gesellschaft mit beschränkter Haftung, hinter der sich ein neuer Besitzer der Villa Oppenheim verbirgt.

Die Frosttemperaturen klettern tiefer und tiefer in den Keller. Von der Heringsdorfer Seebrücke (mit fünfhundertacht Metern die längste Seebrücke Kontinentaleuropas; nur auf der britischen Insel gibt es längere) hängen riesige Eiszapfen. Erstarrte Reste der letzten Brandungswellen haben sich zu bizarren Landestationen für die Möwen geformt. Auf den Buhnen funkeln Eishauben und Eiskristalle an unseren Augenbrauen. Bei jedem Einatmen des Meeresaerosols kleben unsere Nasenflügel zu. Eine fünfzehn Zentimeter starke Eisschicht, berichtet der *Usedom Kurier*, behindert draußen auf der Ostsee den Fischkutterverkehr. Nach Angaben der Schifffahrtsdirektion in Kiel sind neben dem Spezialschiff »Arkona« zwei Eisbrecher zu den Buchten zwischen Hiddensee und Stralsund, dem Greifswalder Bodden und Usedom unterwegs. Der Ostseehimmel hat sich gegen Nachmittag anthrazitgrau gefärbt, stellenweise auch schwarzblau, dunkelviolett. Die Strandwanderer, die uns am Wasser begegnen, sind eingemummelt wie Eskimos. Jeder passt auf, dass er sich den Frost vom Leibe hält. Und dann plötzlich vor uns dieser splitternackte Mann! Durch den verharschten Schnee, eine Mischung aus Zucker und Zimt, tastet er sich über vereiste Muscheln und taucht ohne einen Mucks in die Ostsee. »Das muss ich fotografieren, das glaubt mir sonst keiner!«, kreischt eine Urlauberin, zückt ihr Handy und speichert den Eisbader zwecks digitalem Versand an Kollegen und Verwandte. Der Mann entsteigt wenig später dem eisigen Nass, rubbelt sich ab, zieht sich wieder an. Jeden Tag macht er das. »Die Russen«, hatte uns Frank Böhm gesagt, »baden sogar bei minus sechzig Grad!« Spät in der Nacht hören wir aus der Ferne ein gewaltiges Krachen und dumpfes Hallen. Eisschollen werden es sein, die sich am Usedomer Achterwasser oder auf den Binnenseen im Reich der pommerschen Schneekönigin zu urgewaltigen Barrieren aufbäumen. Vielleicht aber auch war es das letzte Fanal jener Zornesblitze des Meergottes Peruna, der den Bernsteinpalast der schönen Nymphe Jurate zerschmettern ließ, weil diese, die da in den Tiefen der Ostsee residierte, ihr Herz einem jungen Fischer geschenkt hat. Die Blitze töteten den Angebeteten und verdammten die gebrochene Nymphe, für immer in ihrer Bernsteinruine zu verharren. So erzählt eine alte baltische Sage. Doch die Sonne, hört man zuweilen die Ostseewinde wispern, hat Jurates Tränen vergoldet und aus ihnen – hex, hex – Tausende und Abertausende von Bernsteinen gemacht.

